高职高专物流管理类“十三五”规划教材

快递实务

主　编　邓金蕾
副主编　郭红霞

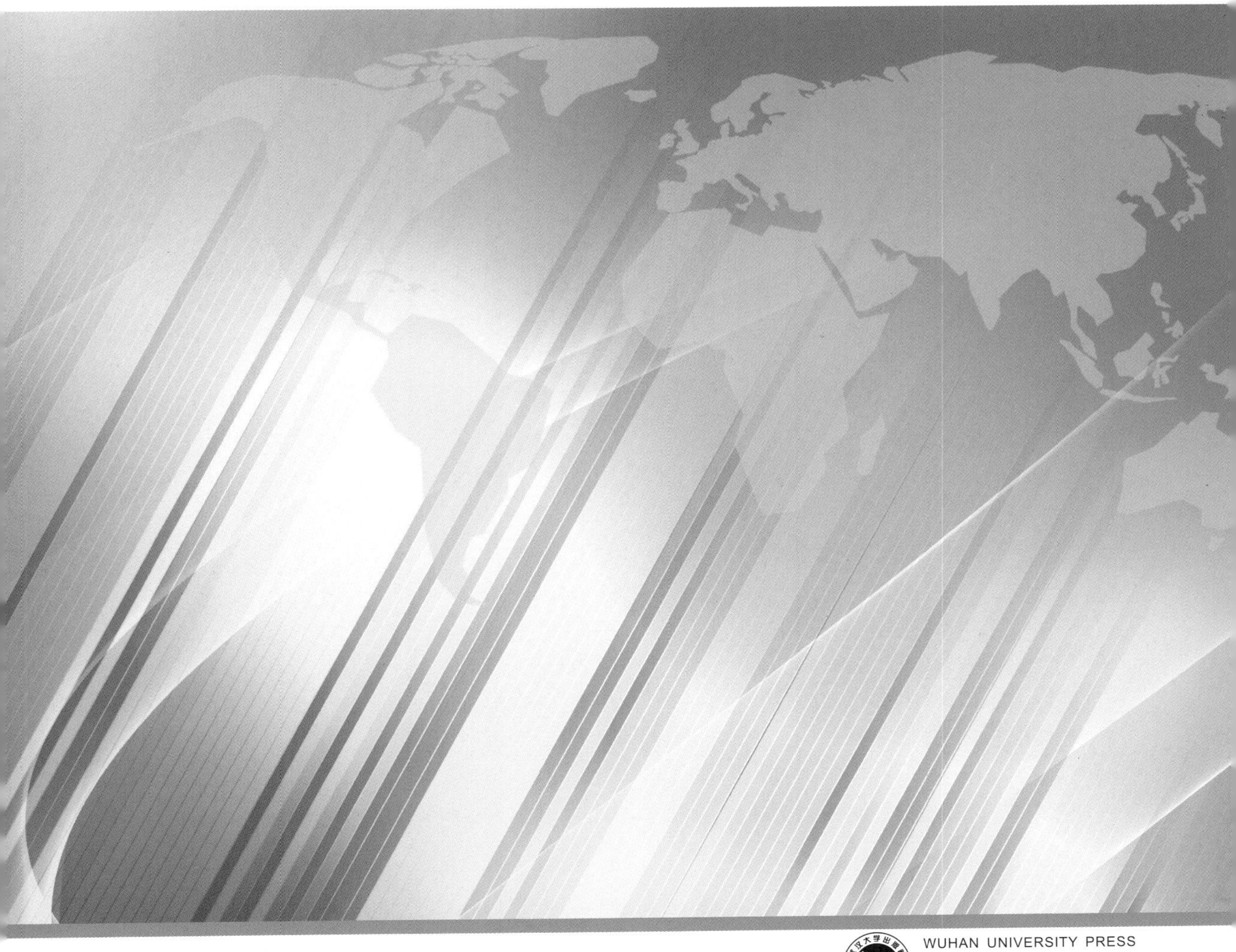

WUHAN UNIVERSITY PRESS
武汉大学出版社

图书在版编目(CIP)数据

快递实务/邓金蕾主编. —武汉：武汉大学出版社,2016.1(2020.7重印)
高职高专物流管理类"十三五"规划教材
ISBN 978-7-307-17423-8

Ⅰ.快… Ⅱ.邓… Ⅲ.邮件投递—高等职业教育—教材 Ⅳ.F618.1

中国版本图书馆 CIP 数据核字(2015)第 321932 号

责任编辑：黄金涛　　　责任校对：汪欣怡　　　版式设计：马　佳

出版发行：武汉大学出版社　（430072　武昌　珞珈山）
（电子邮箱：cbs22@whu.edu.cn　网址：www.wdp.com.cn）
印刷：荆州市鸿盛印务有限公司
开本：787×1092　1/16　印张：7　字数：163 千字　插页：1
版次：2016 年 1 月第 1 版　2020 年 7 月第 3 次印刷
ISBN 978-7-307-17423-8　　　定价：20.00 元

版权所有，不得翻印；凡购我社的图书，如有质量问题，请与当地图书销售部门联系调换。

总　序

近年来，随着经济的快速发展，现代物流逐渐成为我国经济生活中的热点，社会需求日趋旺盛。与此相适应的，社会对物流人才的需求也逐年增加。基于此，许多高职高专院校作为职业人才的培养基地，纷纷开设了物流管理专业。

从高职高专人才培养方向来看，物流管理专业培养的主要是物流各功能岗位的操作人员，从事运输管理、仓储管理、报关、理货、配送、客户关系管理等方面的工作。这些岗位的人员必须熟悉物流行业，掌握运输、仓储、包装、装卸、流通、加工、商贸等方面的专业技能知识，并能熟练地运用到实际工作中。因此，在教学过程中，需要重点提高学生的动手能力，提升学生的综合素质，以培养适合社会需求的专业人才，使学生能学有所需，学有所用。

然而，在实际应用中，适用于高职高专人才培养目标的精品教材却非常匮乏。因此，探索和编写技能型、实践型、创新型的精品教材以促进高职高专人才培养目标的实现，是目前高职高专物流管理专业教学的当务之急。

针对上述情况，我们从物流管理专业所需的教育教学技能角度出发，结合物流行业的现实需求，紧密围绕培养高等技术应用型专门人才这一目标，编写了本系列教材。本套教材包括物流管理专业基础课与必修课等核心课程，其编写特点如下：

- 理论"够用"

区别于以往教材理论部分占比较重，本套教材从岗位能力出发，精选"管用"、"够用"、"适用"的理论知识，从而更好地指导学生的学习，提高学习的效率。

- 突出技能

内容编写上以高职高专学生必备的职业技能为主线，通过"情境设置"、"项目驱动"、"教学做结合"等形式，以便于学生轻松掌握。

- 讲究实践

按照培养应用型人才的特点，充分考虑行业、企业所要完成的典型任务，在书中安排实训的环节，激发学生参与教学其中，以提高其动手的能力、解决问题的能力。

- 力求创新

编写理念的滞后、缺乏创新是导致教材不能发挥应有作用的内在原因。本套教材在编写方式上创新使用了"理论+实例+案例"的形式,并且把枯燥的文字表述转换为图、表的形式,使得全书图文并茂,便于教学,学生使用时也能一目了然。同时,教材中尽量吸收最新的发展成果,以保证教材的时代感。

- **服务教学**

本套教材配有辅助教师教学的丰富的教学资源包,包括技能训练指导、课后习题答案及相关教学资源库等,这些配套的资料,将极大方便教师使用这套教材。

本系列教材主要适用于高职高专学校物流管理专业学生的教学,并可供相关从业人员自学使用。

高职高专物流管理类教材编委会
2015 年 3 月

前　言

随着我国电子商务的蓬勃发展和日益成熟，网购逐渐成为消费者重要的购物方式，甚至是主要购物方式。与此同时，与网购紧密相连的快递行业也得到了飞速发展。快递行业的发展为物流人才提供了大量的就业岗位，同时也需要大量接受过快递专业系统学习、全面掌握快递业务的基本流程、熟练操作快递各个业务环节的职业能力的基层和一线业务操作和管理人员。

本教材结合快递基本流程和各岗位职责，具体针对快递企业的速递（收派）员、分拣员、客服人员以及管理人员职业岗位真实工作任务而设计的课程，是在以学生就业为导向并满足学生职业发展需要的基础上，为快递及相关物流企业培养全面掌握快递业务基本流程、熟练操作快递各环节业务的高素质技能型人才。主要内容包括快递概述、快递人员应具备的知识、快递基本流程、快递运营管理；每一项目都有明确的学习目标，包括知识目标和能力目标，并配有导入案例，以扩展学生视野。本教材针对各项目的教学要点和技能要点设计了复习思考题，便于初学者把握知识要点。教材内容直观简洁，注重理论联系实际，体现行业标准和操作规范，适应高等院校物流管理及相关专业教学需要，便于教师教学、学生巩固所学知识和培养物流实际操作能力。

该课程的岗位针对性强，工学结合特点鲜明，对提高学生的职业技能和职业素质有明显作用，有力地支撑了物流管理专业培养目标的实现。

为了便于教师安排教学进度，编者拟出本门课程的内容及课时建议，具体如下：

教学内容		理论学时	实践学时
项目一　快递概述	任务一　快递的产生发展	2	
	任务二　快递的概念和特点	2	
	任务三　快递的分类	2	
项目二　快递人员应具备的知识	任务一　快递人员的职业素养	2	
	任务二　快递服务礼仪知识	2	2
	任务三　快递相关法律法规知识	2	
	任务四　快递相关专业知识	2	

前　言

续表

教学内容			理论学时	实践学时
项目三　快递基本业务流程	任务一	快递基本业务流程概述	2	
	任务二	快递接单业务	4	2
	任务三	收件业务	4	2
	任务四	快件接收业务	2	2
	任务五	快件分拣业务	2	2
	任务六	快件封装业务	2	2
	任务七	快件装车发运业务	2	2
	任务八	快件派送业务	4	2
	任务九	快件查询、咨询与投诉业务	4	2
项目四　快递运营管理	任务一	快递网点建设管理	2	
	任务二	快递企业安全管理	2	
	任务三	快递企业客户服务管理	2	
合　　计			46	18
			64	

　　本教材由黄冈职业技术学院邓金蕾主编，郭红霞参编。在编写的过程中获得了黄冈职业技术学院交通学院领导的支持，在此向有关领导表示衷心的感谢！在编写过程中，编者得到了武汉大学出版社编辑多方面的指导和帮助，在此深表感谢！编者尽可能详尽地在参考文献中列出，谨向这些文献的编者致以诚挚谢意！对可能由于工作疏忽或转引原因没有列出的，在此表示歉意。

　　由于时间紧迫，编写力量有限，加之物流技术的飞速发展，本书难免存在不足之处，恳请读者给予批评指正，以便再版时改正。编者邮箱：jldyyjq@163.com，欢迎读者来信交流。

编　者
2015 年 12 月

目　　录

项目一　快递概述 ·· 1

　　任务一　快递的产生发展 ·· 4
　　　　一、快递的性质 ·· 5
　　　　二、著名国际快递公司发展 ·· 5
　　任务二　快递的概念和特点 ··· 7
　　　　一、快递的概念 ·· 7
　　　　二、快递的特点 ·· 7
　　任务三　快递的分类 ·· 8
　　　　一、快递的种类 ·· 8
　　　　二、快递的方式 ·· 9

项目二　快递人员应具备的知识 ··· 11

　　任务一　快递人员的职业素养 ·· 12
　　　　一、快递人员职业道德的基本规范 ··· 12
　　　　二、快递人员职业守则内容 ·· 12
　　任务二　快递服务礼仪知识 ··· 13
　　　　一、仪容仪表礼仪 ··· 13
　　　　二、行为举止礼仪 ··· 15
　　　　三、服务行为礼仪 ··· 17
　　　　四、电话沟通礼仪 ··· 17
　　任务三　快递相关法律法规知识 ··· 18
　　　　一、快递业相关法律法规 ·· 18
　　　　二、快递服务标准 ··· 19
　　任务四　快递相关专业知识 ··· 23
　　　　一、快件业务分类 ··· 23
　　　　二、快递业务基础知识 ··· 25

项目三　快递基本业务流程 ·· 29

　　任务一　快递基本业务流程概述 ··· 30
　　　　一、接单 ·· 30
　　　　二、收件 ·· 30

三、接收 31
　　四、分拣 31
　　五、封发 31
　　六、发运 32
　　七、派送 32
　任务二　快件接单业务 32
　　一、接单业务工作要求 33
　　二、接单工作应注意事项 34
　　三、日常接单服务流程 35
　任务三　收件业务 44
　　一、收件业务工作要求 44
　　二、收件工作应注意事项 46
　　三、日常收件业务流程 46
　　四、收件业务特殊情况处理 58
　任务四　快件接收业务 61
　　一、快件接收准备工作 61
　　二、到件接收 62
　　三、总包拆解 66
　任务五　快件分拣业务 69
　　一、分拣业务工作要求 69
　　二、快件分拣方式 70
　　三、日常快件分拣业务流程 71
　　四、问题件处理 72
　任务六　快件封装业务 73
　　一、总包封装工作要求 73
　　二、日常快件封装作业流程 74
　　三、封装作业后质量检查 75
　任务七　快件装车发运业务 76
　　一、快件装车发运工作要求 76
　　二、日常快件装车发运流程 77
　　三、装运车辆施封 77
　任务八　快件派送业务 78
　　一、派送业务工作要求 78
　　二、日常派送业务流程 79
　　三、派送业务特殊情况处理 81
　任务九　快件查询、咨询与投诉业务 83
　　一、客户查询、咨询与投诉业务工作要求 83
　　二、客户查询及快件跟踪业务 84

三、客户咨询业务 ··· 85
　　四、客户投诉业务 ··· 86

项目四　快递运营管理 ··· 88
　任务一　快递网点建设管理 ··· 88
　　一、网点的定义与分类 ·· 88
　　二、网点选址标准 ··· 89
　　三、网点的基本配置 ··· 90
　任务二　快递企业安全管理 ··· 90
　　一、人员安全管理 ··· 90
　　二、快件安全管理 ··· 92
　　三、车辆安全管理 ··· 93
　　四、场地、设备安全管理 ·· 94
　　五、信息安全管理 ··· 94
　任务三　快递企业客户服务管理 ·· 95
　　一、快递企业客户服务含义及内容 ··· 95
　　二、呼叫中心管理 ··· 96
　　三、客户服务质量管理 ·· 99

主要参考文献 ·· 102

项目一　快递概述

☞ **学习目标**

教学目的：了解快递的基本概念、分类和作用；了解国内外快递业的发展趋势；熟悉国内外几大快递公司的简介。

教学重难点：快递的种类，国内快递的种类和递送方式。

【导入案例】

联邦快递公司发展历程

FedEx Corp. 是一家市值逾 221 亿美元的控股公司，专门提供全球性运输、电子商贸及供应链管理服务，并通过旗下多家独立营运的附属公司提供综合商业方案。其主要附属公司包括：全球最大的速递运输公司联邦快递 FedEx Express（经营速递业务）、北美第二大少量货件陆运公司 FedEx Ground（经营包装与地面送货服务）、数一数二的区域散货运输公司 FedEx Freight、北美最大的紧急货件速递公司 FedEx Custom Critical（经营高速运输投递服务），以及提供代理清关服务、顾问意见、资讯科技及贸易促进方案的公司 FedEx Trade Networks。

FedEx 的诞生

20 世纪 70 年代的两次石油危机对美国经济产生了深刻的影响。由于能源价格的高涨，给美国企业的经营带来了很多困难。如何合理利用物流，成为了当时很多物流从业人士考虑的问题，社会急需一种全新的物流服务方式。

1971 年，出身于美国海军陆战队的弗雷德·史密斯（Fred Smith）退役后开始了他的事业。Smith 在大学的毕业论文中就论述了如何有效利用基地的问题，大学毕业后，进一步检验其理论的正确性。1973 年，正式开始组建 Federal Express 公司，使用 8 架小型飞机提供航空快递服务。Federal Express 公司推出全美国翌日到达的门到门航空快递服务，并以及时性、准确性和可信赖性为原则。

由于 FedEx 的出现，企业的经营者开始意识到传统的物流政策限制了自由竞争，不利于经济的发展。以 1978 年航空货物运输政策改善为契机，20 世纪 80 年代美国政府出台了鼓励自由竞争的政策，促进了"现代物流"（Logistics）的诞生。

进入 20 世纪 80 年代以后，航空快递运输大量出现。由于企业大量采用 JIT 的生产方式，翌日送达的要求逐渐增多，给航空快件运输的发展带来了巨大的推动作用。在 Federal Express 公司之后，涌现了诸如 UPS、DHL 等众多的航空快递企业。80 年代中期开始，一般货物的快递运输发展得到了迅速的发展，与此同时，卡车运输业者也积极地加入航空快递业的竞争行列。

1989年，Federal Express为了扩大势力收购了飞虎航空（Flying Tiger）公司，一跃成为美国航空业界的最大企业，并且开创了物流企业收购的先河。

FedEx在亚洲的发展

20世纪80年代末，制造业的基地从发达国家逐渐转移到了发展中国家，而联邦快递作为最早认识到这一趋势的公司，开始着手进行大规模的全球扩展，以应对日益激烈的国际竞争及挑战，亚太区分公司也就此应运而生。

1989年联邦快递收购了飞虎航空获得了飞虎航空在亚洲21个国家及地区的航线权，从而在全球经济增长最迅速的区域取得了立足点。这为联邦快递实现目标具有深远意义。

1992年，公司的区域性总部从檀香山迁至香港。将公司的营运中心迁移至经济活动的中心地区，更显示了公司对该地区的高度重视。

联邦快递对其在亚太地区的业务拓展和战略发展始终保持着高度的重视。1995年，联邦快递公司购买了中国和美国之间的航线权，开始由联邦快递飞行员驾驶的专用货机来负责中美间的快递运输服务。1996年3月，联邦快递成为唯一享有直航中国权利的美国快递运输公司。目前联邦快递每周有11个航班往返于中美之间。

1995年9月，联邦快递在菲律宾苏比克湾建立了其第一家亚太运转中心，并通过其亚洲一日达网络提供全方位的亚洲隔日递送服务。根据公司在美国成功运作的"中心辐射"创新运转理念，亚太运转中心现已连接了亚洲地区18个主要经济与金融中心。

联邦快递目前在亚太地区超过30个国家和地区雇佣7300名员工，公司的亚太区总部设在香港，同时在香港、东京、新加坡均设有区域性总部。

90年代的巨人之战

进入90年代以后，并购与上市等多种资本方式对物流业进行了很大的影响，也诞生出十大物流集团。在快递业，基本出现四大巨头垄断的局面。四大巨头：棕色巨头联合包裹（UPS）、联邦快递（FedEx）、DPWN德国邮政世界网（DHL的母公司）、TNT Post Group。这四家运递企业年收入加起来超过1000亿美元，雇佣员工130万人，占据全球快递市场72%的市场份额。

由于DHL和TPG的主战场在欧洲，UPS和FedEx之间的大战是名副其实的巨头争霸战。UPS主宰了普通包裹的配送市场，其中企业到企业的包裹业务占绝大多数，而且主要是地面运输。FedEx是文件速递和包裹速递的市场主帅，主要经营文件和包裹的航空次日递。

面对竞争，联邦快递（FedEx）一方面不断并购，扩大自己的实力和规模；另一方面为互联网时代重塑自我。

1998年以后，全球物流市场进入大规模并购时期，很多旧规模的物流公司在并购中消失，而一些新兴的物流公司在并购中成为新的十大物流巨头。在按照并购金额排位的十大物流并购案中，联邦快递（FedEx）占据了三席。

FedEx 重塑自我

随着互联网时代的到来，FedEx 主营的文件速递市场在互联网时代面临着极大的威胁。速递文件的电子化转移速度比美国邮政一类邮件的电子化转移速度要快得多。而且，由于新的更复杂的软件使得企业能够更好地管理库存，这将降低对昂贵物品速递的需求。同时，美国邮政的优先邮件越来越被市场看好，因为，优先邮件的性价比优于次日递业务。FedEx 同样面临着极大的挑战，因此 FedEx 制定如下战略：

● 进军物流市场

正如 UPS 侵入 FedEx 的文件速递领域一样，FedEx 通过各种方式抢夺了一部分普通包裹市场。1998 年，FedEx 通过收购 Roadway 包裹公司（RPS）进入普通包裹运递市场，在包裹市场的占有率达到 11%。另外，FedEx 在信息技术领域也投入了巨额资金。FedEx 对其无线通信网络进行了更新，使之能够与 UPS 匹敌，此外还为大小企业提供互联网商务软件。

FedEx 的网址就像一个交易市场，设有许多其他公司的链接按钮，有趣的是它还设有与惠普公司的链接（因为惠普公司与 UPS 公司合资建立了文件交换公司对 FedEx 的文件速递业务构成竞争）。而且 FedEx 已经向国际市场进军，尤其是计算机硬件和微型芯片的物流配送。像 UPS 一样，FedEx 已经开始作为第三方物流服务供应商向外展开营销。世界著名的思科公司宣布让 FedEx 管理其整个物流网络，其目的是完全取消思科在亚洲的仓库，代之以这两家公司共同创立的"飞行仓库"，最终，由 FedEx 直接投递零部件给用户作最终的组装。

● 住户市场策略

FedEx 的住户投递市场直接与美国邮政展开竞争，但 FedEx 采取的战略与 UPS 有很大的不同。UPS 是将企业到企业与企业到家庭的业务集成一体，而 FedEx 则准备组建专门的住宅投递服务公司，并准备聘用低成本的非工会劳动力，FedEx 的住宅市场发展战略在 2000 年 3 月宣布。FedEx 总公司下设多个业务部门，主要从事次日递航空速递核心业务的联邦快递和企业到企业的普通包裹业务的联邦快递地面服务，地面服务下设快递家庭投递服务部门。这三个业务部门共享公司的技术和某些行政管理职能，例如营销和收付款职能，但是各自具有独立的设施、车辆和经营活动。家庭投递部门雇佣的工人被称为"业主经营者"，自备箱式货车，公司根据这些工人的投递量给予报酬，可以将投递成本保持在较低的水平，这不仅比 UPS 的成本低甚至可能比美国邮政的成本还低。联邦快递的家庭投递服务在全国 40 个大城市设立了 67 个家庭投递站，号称覆盖了全国 50% 的家庭，联邦快递计划还要建立另外 240 个投递站，争取在 3 年的时间内覆盖 98% 的人口。联邦快递的发展处处体现出其创新的意识，比如说，联邦快递准备星期二到星期六投递，而且是选择收件人最有可能在家的傍晚时间投递，同时还提供指定日期投递，但收取额外费用，另外，包裹揽收时间推迟到了晚上 9 点，更加新奇的是，联邦快递家庭服务的正式标志是一只可爱的小狗。

● 定位与战略

放眼世界的每一个知名的航空货运公司都提出了自己恰当的定位，确定了自己在空运物流价值链中的位置。UPS 的定位是："我们能够在任何地方、任何模式里来处理任何货物"；DHL 的目标是希望能够成为世界范围邮件通讯、包裹快递、物流及财政服务领域中的领头羊；ST Cargo 的定位是创立世界上最大的商业航空货运联盟并提供复杂而又统一的商品线。FedEx 也有自己的定位。"无所不包，全面发展"恰好地定义了联邦快递的位置。

FedEx 的现状

尽管这一事业起初并不被人们看好。但是，联邦快递已经建立了全球的快速交付网络，业务遍及全球 214 个国家，在全球聘用超过 21.5 万名员工和独立承包商，每天平均处理 500 万件货件。2002 年，联邦快递公司以上年营业额 196 亿美元的成绩，在全球 500 强中排名第 246 位。

从地区来看，业务的地区性集中化程度高（即本土化程度高）。美国业务占总收入的 76%，国际业务占 24%。从运输方式来看，空运业务占总收入的 83%，公路占 11%，其他占 6%。

弗雷德·史密斯（Fred Smith）创造性的举动开创了隔夜交货的速递方式，因此被誉为"创造了一个新行业的人"。

公司在经营管理上已实现了：

● 客户可通过网络直接进行邮寄手续的办理，快递公司的员工在最短的时间内上门取货，让客户足不出户也能寄送包裹；

● 货物准确送达到客户手中的时间精确至分钟；

● 从北京办理货物运送手续起至送达到美国客户手中，时间仅为两天；

● 实现信息共享，为合作伙伴提供的系统环境和服务器，可让每一个合作伙伴享受到随时跟踪货物运行状态、地点等情况，实现异地数据采集、经营报表的打印；

● 完成了由单纯的快件运输公司向提供物流策略/系统开发、电子数据交换及解决方案的跨地区、跨行业的大型集团企业的转型。

任务一　快递的产生发展

20 世纪以来，欧美国家的经济飞速发展，对"运输、分拨、递送"的需求日益增强，虽然当时电话和电传已经广泛使用，但如一些"正本协议"、"合同"、"标书"、"银行票据"等，在贸易过程中是不可以复印，只能原本交换。此外，如急需送交客户的样品和零件等物品，若通过邮局递送，时间一般较长。合同、票据的迟交，意味着巨大的经济损失；迟交样品，意味着错失订货机会；机器零件的缺失，意味着工厂停工待件，这势必会延误商机。这类问题一直困扰着各种商业机构。同时，国际贸易的快速发展，实现全球经济一体化的客观发展要求，快递业应运而生。

快递业是起源于 20 世纪 60 年代末的一项新兴产业，它以商务文件、小包裹为主要递送对象，以迅速、安全、高效、门到门、实时核查等为特征，建立了一套与传统邮政体系不同的运作模式。此后30多年中它迅速发展，目前已成为世界经济中增长最快的产业。2003年全球快递业的经营规模达到1300亿美元，对世界GDP的贡献达到640亿美元，是电器行业的2倍，造船业的1.5倍。同年全球快递业的直接从业人员达到了125万，超过了整个石化行业，而它所支持的就业总的规模达到了265万。快递业迅速发展的一个重要原因是政府通过调整和改革传统的邮政专营体制，放松行业管制，对非邮政企业开放市场，放宽使用特定资源的限制，不断改善快递企业运行的体制和政策环境。

我国古代就已经有了快递服务。快递服务在我国古代经历了"步传—车传—马传—驿站递铺（急脚递）—邮驿合并（新式邮政）"的发展过程。据史书记载，最早的信息传递，是尧帝时期的"鼓邮"，到了奴隶社会的商周时期，商纣王把"鼓邮"上升为"音传通信"、"声光通信"，西周时期有了实物传递，分为"轻车快传"、"边境传书（邮）"、"急行步传"的方式，邮政制度开始形成，而烽火报警方式则广泛用于军事通信。春秋时期，邮驿制度发展成为"单骑通信"和"接力传递"，出现了"马传"。孔子曾说："德之流行，速于置邮而传命。"到了封建社会的秦朝，公文分为"急字"和"普通"两种文书，在传递方式上便有了快递和普递之分；到了汉代，为求安全和速度，传递方式都为"马递"；南北朝时期，紧急公文要求日行四百里；隋唐时期，敕书等文件要求日行五百里；北宋时期，出现了专司通信的"递铺"，传递方式分为"步递、马递和急脚递"，马递和急脚递都属于当时的快递。古代快递递送的是官府文书，主要服务于朝廷和官府，是政治和军事的"耳目延伸器"，带有明显的官方色彩，与普通百姓基本无缘。国外也从很早就有了类似的信息和物品传递活动，人们熟知的马拉松故事，被人们视为快速传递信息的生动事例。

一、快递的性质

（一）快递是最新型的运输方式

快递服务起因于市场经济的客观要求，它是在"邮政服务和传统运输"都不能适应商业发展需求的情况下诞生的，因而更具有前瞻性和先进性，它是最具有创新意识的、最敢想敢为的时代青年的创新成果。快递业是先进生产力的代表之一。

快递采用最快捷的运输工具（空运+陆运），将物品直接递送到真正的收件人手中，以全新的运作方式和特殊服务，来满足商业发展的新需要。

（二）快递不具有普遍服务的特性

快递是全球经济一体化的必然产物，是经济驱动下的典型的商业运作，它不属于政府行为，它是商务而不是普遍服务。

与邮政普遍服务相比较，商业快递无论是在起源时间上、运费标准上、运行渠道上、服务方式上，以及递送内容和检查方式上均有所区别。

二、著名国际快递公司发展

（一）UPS（联合包裹运送服务公司）

UPS于1907年作为一家信使公司成立于美国，通过明确的致力于支持全球商业的目标，UPS 如今已发展到拥有 497 亿美元资产的大公司。如今的 UPS，或者称为联合包裹服务公司，是一家全球性的公司，其商标是世界上最知名、最值得景仰的商标之一。作为世界上最大的快递承运商与包裹递送公司，同时也是专业的运输、物流、资本与电子商务服务的领导性的提供者。每天，UPS 都在世界上的 200 多个国家和地区管理着物流、资金流与信息流。

（二）FedEx（联邦快递公司）

FedEx 属于美国，是世界最大的快递公司，联邦快递目前在亚太地区 32 个国家和地区有近 8600 名员工，公司的亚太区总部设在香港，同时在上海、东京、新加坡均设有区域性总部。1995 年 9 月，联邦快递在菲律宾苏比克湾建立了其第一家亚太运转中心，并通过其亚洲一日达网络提供全方位的亚洲隔日递送服务。根据公司在美国成功运作的"中心辐射"创新运转理念，亚太运转中心现已连接了亚洲地区 18 个主要经济与金融中心。联邦快递每个工作日运送的包裹超过 320 万个，其在全球拥有超过 138000 名员工、50000 个投递点、671 架飞机和 41000 辆车辆。FedEx 有中国危险品运输资格，曾于 2000 年 12 月、2012 年 1 月和 2003 年 4 月，成功将中国大熊猫运达美国、法国——联邦熊猫快递号。

（三）DHL（德国邮政全球网络）

DHL 是最早进入中国的跨国快递巨头，DHL 公司由 Adrian Dalsey，Larry Hillblom 及 Robert Lynn 于 1969 年在加利佛尼亚成立。目前 DHL 在 229 个国家和地区有 675000 个目的站、20000 多辆汽车、60000 多名员工，并且在美国及欧洲有 300 多架飞机。DHL 总部在比利时的布鲁塞尔，是由德国邮政、DANZAS、DHL 三部分整合而成的；现在由德国邮政全球网络 100% 拥有。DHL 在 40 多年前由三名朝气蓬勃的创业者——Adrian Dalsey，Larry Hillblom 和 Robert Lynn 共同创建，至今仍以惊人的速度发展。如今，DHL 已成为国际快递与物流行业的市场领导者。追溯到 1969 年，DHL 的创始人自己乘坐飞机来往于旧金山和檀香山之间运送货物单证，向今后事业的发展方向迈出了一小步。多年后，DHL 拓展了网络建设，逐步将业务拓展到世界各个角落。同时，随着市场扩大，市场环境日益复杂。为了适应本地及全球客户需求的变化，DHL 对自身进行了重组。今天，DHL 的国际网络已经连接了世界上 220 多个国家和地区，员工达到 300000 人。此外，DHL 在快递、空运与海运、国际运输、合同物流解决方案及国际邮递等领域提供了无可比拟的专业性服务。从 1969 年的 3 名员工到 2008 年的 300000 名员工，DHL 一如既往地秉持专业精神与服务理念：DHL 的成功源自始终为客户递送卓越服务，永不满足。DHL 品牌所代表的个性化服务承诺、积极主动的解决方案与本地优势已深入人心。DHL 成功的核心在于其员工始终关注客户需求，并提供定制化的解决方案。DHL 是德国邮政环球网络旗下的一个品牌。整个集团在 2007 年的营业收入达到了 630 亿欧元。

（四）TNT（荷兰邮政集团）

2007 年 TNT 集团在阿姆斯特丹证券交易所上市。TNT 集团是全球领先的快递邮政服务供应商。总部位于荷兰的 TNT 集团拥有 161500 名员工，分布于 200 多个国家和地区，有 2331 个快递服务中心、国际转运中心以及分拣中心。快递拥有 26760 辆运输车和 47 架飞机，以及欧洲最大的门到门空陆联运递送网络。TNT 是欧洲最大的快递公司，在欧洲市场占有率为65%，拥有逾75000名快递员工，全球拥有26000辆陆运机车和47架运输飞机，全世界拥有2300个仓库，并在200个国家开展业务。DHL在欧洲还次于TNT。

这四家公司都在20世纪80年代进入中国，因为政策的限制，都和中外运公司合资成立了公司，DHL的合资合同期限是50年，其他三家都是15年，所以，DHL受到了国家的重点照顾，也成为这四家公司里在中国的市场占有率最高的一家，其他三家分别在2003年和2004年和中外运公司分家，独资成立的相应公司，唯独DHL的名称至今还是中外运敦豪。

这四家公司在全球各有优势，例如从中国出发，FedEx和UPS的强项在美洲线路、日本线路，TNT在欧洲和西亚、中东有绝对优势，DHL则是在日本、东南亚、澳洲有优势。

任务二　快递的概念和特点

一、快递的概念

快递，也称为速递、快运，其含义是指物件的快捷运送。

所谓快递是指具有独立法人资格的货物运输代理企业，将快件（客户的文件、物品或货物）通过自身网络或代理网络，从发件人手中送达收件人手中的最快捷、最安全的运输方式。

二、快递的特点

（一）快递的特点

快递具有与传统运输方式不同的特点，主要体现在以下几个方面：

1. 运作方面

（1）快递充分利用了当今最快捷、最适合本地域的运输工具；

（2）对于国际快件和领土广阔的国家，它的班机必须是全天候飞行，并与分拨中心形成最完美的结合；

（3）实现了先端信息技术与快件运送过程完美的结合；

（4）采用了"门到门，桌对桌"的投递方式；

（5）从空运的角度看，快递所占比例正逐年上升，包裹和货物的比例也正在上升。

2. 快递公司自然特征方面

（1）快递公司必须拥有自身的运输网络；

（2）形成标准化的合格快递公司，从创建到成熟，这是一个漫长的过程，一旦走上规模化经营之路，就会形成相对的自然垄断，成为领先市场、利润丰厚的行业巨头。

（二）中国快递的特点及现状

1. 中国快递的特点

（1）先有国际快递，后有国内快递，国内快递远远落后于国际快递；

（2）国内快递公司多为民营，数量惊人，规模不等；

(3) 国内快递公司压价、竞争已达白热化程度；
(4) 国内快递市场潜力巨大；
2. 中国快递的发展前景

(1) 快递服务是顺应市场经济快速发展的新型运输方式，是社会发展的基础性行业，是发展现代物流业的基础之一，也是促进对外贸易和国民经济发展的重要因素。

(2) 越来越多的企业认识到国内快递是最具潜力的朝阳产业，纷纷开始投资于国内快递。

(3) 随着快递业的发展，国家相关的政策和业内相关规则也纷纷出台，相信不久的将来，会有一批真正符合行业标准、具有一定规模、与国际接轨的国内快递公司，一定会现身于中国经济的大舞台。

任务三 快递的分类

一、快递的种类

进入 20 世纪初，资本主义经济迅速发展，现代快递业诞生。1907 年 8 月，美国联合包裹运送服务公司（UPS）创始人吉姆，以 100 美元为注册资金，在华盛顿的西雅图市创建了美国信使公司。创业初期，他们租用一间简陋的办公室，聘用十几名员工担任信使，利用市内的几个服务网点，接听顾客电话后，指派距离最近的信使前去收件（有商务文件、小包裹、食品等），然后按发件人的要求和时限送到收件人手中。这便是现代"国内快递"的开端。

而"国际快递"则又是在其后几十年发现的。1969 年 3 月的一天，美国大学生达尔希（Dalsey）在加利福尼亚一家海运公司看望朋友时，听一名管理人员讲一艘德国商船正停泊在夏威夷港湾，而提货单正在旧金山制作中，需要一周时间才能寄到夏威夷。达尔希主动提出，愿意乘飞机将提货单等文件取回送到夏威夷。管理人员盘算：此举可节省昂贵的港口使用费和货轮滞期费等开支，便同意他充当一次特殊的信使。达尔希完成任务后，便联合赫尔布卢姆（Hillblom）和林恩（Lynn）于 1969 年 10 月在美国旧金山成立了 DHL 航空快件公司，公司名称为达尔希、赫尔布卢姆和林恩三人英文名字的字头缩合而成，主要经营国际业务，"国际快递"由此开创先河。

快递分为两大类："国际快递"和"国内快递"。国内快递，又可分为三类：全国快递、区域快递、同城快递。国内快递的三种类型，是以快件运送的地域范围来划分的。

（一）国际快递

国际快递是指快件从一个国家到另一个国家的跨越国界的递送过程，即是通过国家之间的边境口岸和海关对快件进行检验放行的运送方式。国际快件到达"目的国口岸"之后，常常要在目的国内再次转运，才能将快件送达最终目的地（收件人所在地），此时该快件只是国际快递的延伸，它仍然是国际快递，而不是目的国的国内快件。因此，国际快递中核心的要素是国际快递公司在各个目的地国家，一定要拥有自身网络，至少要有代理网络，否则就没有经营国际快递业务的资格。

(二) 国内快递

国内快递是指快件在同一国家内的递送过程，即快件的始发地和目的地都不超出国界的运送方式。需要说明的是：从内地发往中国香港的快件，因需要通过深圳海关，从作业角度上讲，应视为国际快递。

国内快递按范围大小又可分为：同城快递、区域快递和全国快递三种类型。

1. 同城快递

同城快递是指快件在同一个城市收取和承运的快递服务。或者说，发件人和收件人同在一个城市的快递服务。这种快递方式投入成本少，取件和送件及时，能为客户解燃眉之急，受到社会各界欢迎。

同城快递多集中在商业发达的大中城市，成为活跃城市经济、提高客户工作效率、解决就业问题的重要行业之一。比如：快件从北京的朝阳区送往北京的海淀区，这种"在同一个城市内运送的快件"则称为"同城快递"。

2. 区域快递

区域快递是快件在不同城市（区域内城市）之间收取和承运的快递服务。或者说，发件人和收件人在不同城市（周边城市）的快递服务。区域快递，也是本区域内的"城际快递"。

中国地域辽阔，随着长江三角洲、珠江三角洲和京津环渤海高速公路网的形成，以及区域内高速公路的发展和区域经济圈的形成，为这三个经济热点区域提供了以高速陆运为主的特殊优越条件。

这三大业务区是：以北京、天津、青岛、大连为中心的京津环渤海业务区；以上海、南京、杭州、苏州为中心的长江三角洲业务区；以广州、深圳、佛山、东莞为中心的珠江三角洲业务区。以上区域以公路运输为主，实现了"隔夜服务"（次日达）。

3. 全国快递

全国快递是指快件在不同城市（区域外城市）之间收取和承运的快递服务，或者说，发件人和收件人在不同城市（非周边城市）的快递服务。因此这种快递方式是"跨区域"的递送服务方式。

能在国内大中城市之间提供取件送件服务的公司，可称为全国性的快递公司。大型快递企业，一般将本公司的运输网络划分为若干区域；如：北方区（以北京为中心）、东方区（以上海为中心）、南方区（以广州为中心），每个区域网络都辐射到周边的若干省市，类似我国传统的大行政区（东北、西北、华北、华东、华南等）。比如：从北方区发往南方区，或从东方区发往北方区，这种"跨区域运送的快件"则称为"全国快递"。

二、快递的方式

快递的递送方式有三种。

（一）门到门（Door to Door）

门到门是指从发件人委托发件开始（签字后运单生效），到收件人在运单上签收，快件公司承运一票快件的全过程，其特点是：确保快件"准确无误地按时送到收件人手中"。为此，有一个快递专用术语叫POD（Proof of Delivery），即已派送证明（客户收件回执单）。此外，也有人称之为桌到桌（Desk to Desk）或手递手（Person to Person）。总之，门到门的方式，是快递业务中最常见的服务方式。

（二）门到机场（Door to Airport）

这是应客户（多为发件人）要求或因收件人一时难以找到而产生的特殊服务方式。近年来，快递物品有逐年增大加重的趋势，这些大件物品必须报关查验，到达目的地国家后，还有内陆运输的转运问题，这也是"门到机场"递送方式产生的原因之一。

（三）专人派送（Courier on Board）

这是一种由快递公司派专人亲自登机、携带并护送快件、直接送到客户手上的快递服务方式。只有在"情况紧急或物品有特殊要求"情况下，才会产生这种服务要求和方式，因其运费昂贵，托运人和承运人双方需要特别议定。

以上三种服务形式相比，门到机场形式对客户来讲比较麻烦，专人派送最可靠、最安全，但费用也最高；而门到门的服务介于上述两者之间，适合绝大多数快件的运送。

【项目小结】

本项目介绍了国外四大快递巨头的具体发展及现状，同时也介绍了国内快递业的发展现状，并重点介绍了快递的基本概念、特点、种类以及快递的递送方式。

【思考与练习】

1. 简述快递的基本概念。
2. 简述快递的种类。
3. 简述国外四大快递巨头。
4. 结合当前快递现状，试述我国快递业的发展趋势。

项目二　快递人员应具备的知识

☞**学习目标**

教学目的：熟悉快递人员职业道德的基本规范；熟悉快递服务礼仪的含义与基本特点；了解快递企业加强快递礼仪服务的重要性；掌握快递服务礼仪的主要内容及需要掌握的相关法律法规知识。

教学重难点：快递服务礼仪的含义，快递服务工作的特点，以及快递服务所包含的主要内容。

【导入案例】

快递企业人员为何遭客户投诉

客户张小姐说，催快递送货的电话她已经打了数个，甚至还亲自跑了一趟，但是没能如愿拿到快递。"快递拿不到已经够郁闷了，最糟的是打电话时还必须忍受快递企业工作人员的无礼态度。"张小姐希望承接此快递业务的派送员能够向她道歉。

张小姐说，3月6日，她的快递到达了武汉，由于当天早上手机没电了，下午开机时才发现有未接来电。张小姐猜想是快递公司打的，就当即打了过去。"派送员说快递已经送过了，但按了半天门铃都没人应。"张小姐感到很意外，因为当天她一直在家。考虑到第二天家里没人，张小姐要求派送员当晚把快递送过去，但派送员表示要等到第二天。无奈之下，张小姐提出亲自到该快递公司的仓库领取，派送员表示当天下午六点之前都可以。

下午四点多，张小姐专程到该快递公司的仓库取件，可仓库大门紧闭。张小姐只能再次拨打派送员的电话，对方的回答是要等下午五点才能回去。一听这话，张小姐非常气愤。"如果下午你有事可以打电话告诉我，为什么让我白跑一趟？"回到家后，张小姐继续给派送员打电话，希望他能够把快递送过去。张小姐说，万万没想到对方的回答是就算晚上有空也不送。

"我打电话给该快递公司的客服投诉，电话不是忙音就是没人接，好不容易打通了，工作人员也没有给出一个明确的说法。"张小姐说，至今她仍未收到快递，也没有接到该快递公司的任何电话。

该快递公司的派送员也觉得自己挺委屈，"张小姐没有收到快递是因为寄件方把地址写错了——四单元写成了三单元，我当时马上给张小姐打电话了，可她的手机始终处于关机状态。"这名派送员说，快递公司的业务很忙，他是不可能一直等下去的。

"因为张小姐急于拿到快递,所以我才建议她直接去仓库,有工作人员在的话会直接给她的。"这名派送员说,当时张小姐打电话告诉他仓库没人,他表示会在下午五点赶到,让她在门口等一下,是张小姐等不住走掉了。至于当晚他说有空也不送,完全是因为张小姐的态度咄咄逼人。这名派送员承诺,他会尽快把快递送到张小姐手里。

根据上述材料分析本次事件中快递公司在服务礼仪方面有哪些不到位?如果你是该派送员,你会如何为张小姐服务呢?

任务一 快递人员的职业素养

一、快递人员职业道德的基本规范

所谓职业道德,是与人们的职业活动紧密联系的符合职业特点要求的道德准则、道德情操与道德品质的总和。职业道德是在特定的职业实践的基础上形成的,是约定俗成的,往往表现为某一职业特有的道德传统和道德习惯,表现为从事某一职业的人们所特有的道德心理和道德品质。

在快递行业领域内产生的用来规范快递人员职业行为的准则,其基本范畴主要包括职业态度、职业纪律、职业良心、职业技能、职业荣誉、职业作风六项内容。

(一)职业态度

快递人员在选择职业时所持有的观念和心理依据,以及在从事职业活动的过程中所表现出的职业的劳动态度。

(二)职业纪律

根据快递行业的工作规律和工作需要而制定的规章制度、纪律和要求。

(三)职业良心

快递人员在从事职业活动中所形成的职业责任感,自身评价能力,自我反省能力和自我检查、监督、约束能力。

(四)职业技能

快递人员所掌握的职业技能和本领,是快递人员实际拥有的创造价值的能力。

(五)职业荣誉

快递人员在职业活动中取得成绩后,社会对其职业行为价值的一种肯定评价,以及快递人员对这种肯定评价的感知和认识。

(六)职业作风

快递人员在其职业活动中所表现出来的一贯的工作态度和工作作风。

二、快递人员职业守则内容

快递人员的职业守则较全面概括了快递人员在从事快递职业过程中所应履行的基本职

责和义务，体现了快递人员应具有的职业道德的特殊性。快递人员的守则内容主要包括以下六个方面。

（一）遵纪守法，诚实守信

快递人员应严格遵守国家的各项法律法规和企业内部的规章制度；同时要求快递人员在提供服务时重信誉、守信用。

（二）爱岗敬业，勤奋务实

快递人员应热爱本职工作，热爱快递事业，树立责任心和事业心，踏踏实实做好本职工作；同时，要求快递人员必须努力学习与职业相关的知识，熟悉快递业务流程，刻苦钻研快递业务。

（三）团结协作，准确快速

快递业务的特殊性决定快递人员应相互配合、团结合作，共同完成快递业务；同时要求快递人员在工作过程中严守对时限的承诺，树立高度的责任意识，保证各个快递环节准确、无误。

（四）保守秘密，确保安全

快递人员对客户所寄快件的相关信息以及客户的个人信息，都要保守秘密，绝对不准对外界透露；同时要求快递人员必须保证快件的安全，并保护好生产工具和保证自身的人身安全。

（五）衣着整洁，文明礼貌

快递人员在工作时间应统一着装，并且注意保证工装整洁；同时，要求快递人员主动、热情、耐心地为客户提供快递服务，要求做到语言文明、举止文明。

（六）热情服务，奉献社会

快递人员应热情、主动地为客户提供相关服务，对待客户应有耐心，热情周到；同时，快递人员应有满腔的热忱，爱岗敬业，服务社会。

任务二　快递服务礼仪知识

快递许多岗位人员会直接或间接与客户接触，如接单员、客服人员会经常与客户进行电话沟通，而收派员则会直接跟客户交流，他们的服务礼仪对其工作的质量具有重要的意义，对于维护企业形象、推进企业发展也具有重要的作用。

一、仪容仪表礼仪

仪容仪表就是指人的外表和容貌。仪表即人的外表，一般包括人的容貌、服饰、个人卫生和姿态等方面。仪容是指个人的容貌，它是由发式、面容以及所有未被服饰遮掩、暴露在外的肌肤构成。

讲究仪表、仪容体现了对他人、对社会的尊重，表现出了一个人的精神状态和文明程度，也再现了服务人员对工作的热爱和对客户的热情。仪表端正，衣冠整洁会给人以朝气蓬勃、热情好客、可以依赖的感觉，并使客户增强信任感。

作为一名快递服务人员，其具体穿着在工作岗位中也是有所要求的。快递从业人员着装与其服务工作是不可分割的，服饰在服务工作中是非常重要的。员工的个人服饰反映其企业形象，这是服务行业非常突出的一个特点。

（一）快递从业人员个人清洁卫生基本要求

1. 男士要求

发式：头发应勤洗，无头皮屑，且梳理整齐。不染发、不留长发，以前不遮额、侧不盖耳、后不触领为宜。

面容：忌留胡须，养成每天修面剃须的好习惯。面中保持清洁，眼角不可留有分泌物。如戴眼镜，应保持镜片的清洁。保持鼻孔清洁，平视时鼻毛不得外露。

口腔：保持口腔清洁，早餐、午餐不吃有异味的食品，不饮酒或含有酒精的饮料。

耳部：耳郭、耳根后及耳孔边应每日用毛巾或棉签清洗，不可留有皮屑。

手部：保持手部的清洁，要养成勤洗手、勤剪指甲的良好习惯，指甲不得长于1mm。

体味：要勤换内外衣物，给人清爽的感觉。

2. 女士要求

发式：头发应勤洗，无头皮屑。短发要合拢于耳后，长发应梳理整齐挽起成发髻。不染色彩夸张的发色；短发不过肩；刘海不盖额；佩戴公司统一的发饰。

面容：面部保持清洁，眼角不可留有分泌物，保持鼻孔清洁。工作时需化淡妆，以淡雅、清新、自然为宜。

口腔：保持口腔清洁，早餐、午餐不吃有异味的食品。

耳部：耳郭、耳根后及耳孔边应每日用毛巾或棉签清洗，不可留有皮屑。

手部：应保持手部的清洁，指甲不得长于1mm，可适当涂无色指甲油。

体味：勤换内外衣物，给人以清新的感觉。不宜使用香味过浓的香水。

（二）快递从业人员着装的具体标准

1. 男士工作着装标准

头部：头发要梳理整齐，头发长度前额不可遮眉，两侧不能盖及耳部，后面不能盖及衣领；发型应朴素，不可留怪发型，不染异色发，也不可烫发。

脸部：不可以留胡须，要求每天剃须。

手部：保持指甲清洁，不得留长指甲（指甲的长度不超过1mm）。除婚戒外，不宜佩戴其他首饰，尤其是忌粗大的、夸张的戒指，双手所戴戒指不可超过两枚。

上装：上岗时穿着整齐的标志服，确保衣服无污渍。

工号牌：按规定正确佩戴工号牌，工号牌应整洁无破损，字迹清晰。

整装：上班时须按规定着好制服，不可制服、私装混穿；非工作需要时，不可将袖口及裤筒卷起；力求制服整洁、挺括；领口、袖口不能有污迹；衣扣、裤扣要扣好；领带、领结要紧束，领带的大箭头到皮带扣处为标准；衣袋、裤兜内放置东西不要过多，随身携带的钥匙也应放好，不要发出声响；衬衣要干净，下摆扎进裤内，内衣、内裤不能外露。

脚部：一般应着深色袜子和鞋，不穿白袜及白鞋；鞋、袜应保持清洁、干净、无异味；皮鞋应经常打油擦亮。

特别强调：负责收寄和投递的快递服务人员外出工作时，一定要统一穿着具有企业标志的服装，并佩戴工号牌和胸卡。

2. 女士工作着装标准

头部：头发要梳理整齐、美观；发型应朴素，不染异色发，只用一种头发饰物，不得留怪发型；前额刘海不可遮及眼部，头发长度不宜过肩。

脸部：必须化淡妆，不可浓妆艳抹；力求自然，表现出青春的自然美。

颈部：不宜戴首饰上岗，尤其是垂吊式的、大型夸张的耳环，也不应将项链露于工装之外。

手部：不留长指甲（指甲长度不超过1mm），不得染指甲。不可佩戴手链、手镯、胸花，也不宜戴戒指（除婚戒外）上岗，特别是夸张、突出的戒指，双手所戴戒指不可超过两枚。

上装：上班时须按规定着好工服，要求工服整洁，领口、袖口不能有污渍，扣子应完好、扣齐，尤其是领口和袖口部位。

工牌号：按规定正确佩戴工号牌，工号牌应整洁无破损，字迹清晰。

脚部：一般宜着黑色皮鞋。鞋子应保持清洁、干净、无异味；皮鞋应经常打油擦亮。

二、行为举止礼仪

行为举止礼仪主要为快递人员坐、立、行、走及与客户交流等方面的要求。

（一）坐姿要求

坐姿是指人就座时和坐定后的一系列动作和姿态，标准坐姿有如下基本要求：

（1）就座时，一般从座位的左侧走向座位，然后落座。

（2）双脚平行，微微分开放好，膝盖弯曲近似90°，不能跷"二郎腿"。

（3）坐下时身体要保持挺直，不能含胸弓背，也不能背靠椅子或墙壁，同样，头部要端正，不要东张西望或者耷拉脑袋。

（4）双手手心朝下稍作弯曲状，自然地放在膝盖上，不要双手叉腰、将手放入口袋里或者抱胸而坐。

（5）与客户谈话时，身体要稍微前倾，表示你在认真仔细地倾听。

（6）如遇客户，要主动站立打招呼。

（7）坐久需要休息时动作要小，或走到不影响他人工作的地方稍作站立，不能来回走动以免影响他人工作。

（8）女性坐下时双腿要合拢，小腿可稍微斜向一侧摆放，双手自然大方地放在腹部。

（9）离座时，起身动作应轻缓，保持上身直立状态，将右脚向后收半步而后站起，待站定后从座位左侧离开。

（二）站姿要求

标准站姿要求如下：

（1）面带微笑，双手手心向内自然地放于大腿外侧，同时自然地合拢手指，并稍稍自然弯曲。

（2）站立时不要东张西望，四肢不要频繁地移动或者频繁地变换动作。

（3）站立时间过长可作稍息状，也可适当变换动作，但动作不可过大或夸张。

（4）女性站立时，双脚合拢，身体稍向前倾，挺胸收腹，双手微微抱拳并自然垂放于腹部。

（5）男性站立时双脚自然分开约与肩同宽，身体正立稍微前倾，挺胸收腹，腰板直，头部要摆正。

（6）向顾客打招呼时，要稍作弯腰、适度点头以示问候。

（三）行走姿势要求

行姿基本要点：身体协调、姿态优美、步态平稳、步幅适中、步速均匀、直线行走。标准行姿的基本要求有以下六个方面：

（1）头要正，腰要直，眼睛直视前方。

（2）步伐距离、频次适中，动作协调。

（3）身体挺拔不摇晃，直线行走。

（4）遇见同事或客户应主动打招呼。

（5）遵守交通规则，留意周边环境。

（6）姿态得体大方，双手自然摆动。

快递人员可以通过直线训练、顶书训练等方法来训练自己的行姿。

（四）见面礼仪

见面基本礼仪要求做到以下几个方面：

（1）除正常派送、收件外，商务见面需事先预约。

（2）到达目的地时要经过同意才能进入会见区或客户办公室，敲门声要轻而稳定，节奏要协调。

（3）见面对象为男性，可主动伸手握手；若为女性，则看对方是否有主动握手的意向。

（4）使用右手握手，握手时摘掉手套，放下手中的一切物品。

（5）握手力度适中。

（6）与不是很熟的客户见面时应自报家门，并取出名片双手敬上。

（7）说明大致来意，进入话题。

（8）不耽误顾客太长时间，达到效果就可离开。

（五）交谈礼仪

交谈基本礼仪要求做到如下几个方面：

（1）与客户交谈时，眼睛正视对方，不可频繁眨眼。

（2）谈话时尽量避免肢体动作，如需肢体语言时，避免动作过大或夸张。

（3）与客户保持一定的交谈距离。

（4）需接听电话或需打断交谈时征求客户意见。

（5）言谈文雅，声量根据周围环境适当调节。

（6）吐字清晰，普通话标准，语气平和稳定。

（7）使用文明用语，不使用带有口头禅的用语。

（六）道别礼仪

与客户道别时的礼仪要注意以下几个方面：

（1）与客户道别时，要站立握手。

(2) 后退两步,伸右手行"再见"手势。
(3) 转身表示谢意并示意对方留步。
(4) 如果门关着,出门时记得轻轻关上门。
(5) 感谢代为引见的人员并与之道别。

三、服务行为礼仪

快递服务行为礼仪直接影响着客户对快递人员及快递企业的满意度评价。为了更好地服务客户,快递人员应当掌握基本的服务行为礼仪。现按快递服务方式分上门服务礼仪和窗口服务礼仪两种。

(一) 上门服务礼仪

(1) 将手机设置为"振动"或"静音"状态;
(2) 上门服务,轻轻两声敲门示意,有回应后,方可进入;
(3) 尊重对方,主动愉快地打招呼;
(4) 双手递上或接受物品;
(5) 交谈时,应保持言语清晰、态度端正;
(6) 需要客户签字时,双手将文件递上,使文件正面对着客户;
(7) 热情耐心指导客户完成填单业务;
(8) 完成业务后,礼貌地与客户告别。

(二) 窗口服务礼仪

(1) 主动向客户问好,询问客户的需求;
(2) 热情耐心地解答客户提出的相关问题;
(3) 双手递上或接受物品;
(4) 需要客户签字时,双手将文件递上,使文件正面对着客户;
(5) 帮助和指导客户完成快件收寄业务;
(6) 完成业务后,礼貌地与客户告别。

快递是一种服务行业,除注意业务特色方面的礼仪之外,更要注重公共场合礼仪,遵纪守法、尊老爱幼、乐于助人、见义勇为;注意爱护公共设施、公共绿地,保护环境。

四、电话沟通礼仪

随着快递业务的不断扩展,电话已日益成为快递人员与客户沟通的桥梁,特别是快递客服人员,工作性质的特殊性决定了他们肩负着"公司窗口"的神圣使命。由于电话里面只闻其声,不见其人,快递客服人员的语言行为便成为客户对企业的第一印象,所以电话礼仪必须作为员工的基础训练项目,使客户在第一次接听电话开始就对本公司感觉非常满意。

快递人员与客户进行电话沟通时需使用文明语言,让客户有亲切感。为了更好地开展业务,快递人员需掌握正确的电话沟通礼仪。

(一) 语言表达礼仪

快递人员应具备一定的表达能力与语音控制能力。

（1）接听电话应保持心境平和，用语规范；保持语速适中，语调柔和，语气亲切。

（2）接听电话保持甜美，适当控制音量，做到吐字清晰；电话用语应文明、礼貌，态度应热情、谦和、诚恳，语调应平和，音量要适中。

（3）在语言表达上尽量进行正面表述，礼貌详细地询问业务具体情况，尽量减少负面用语。

（4）在与客户电话交流时，如果涉及公司形象，应进行正面引导，并尽量委婉维护。

（5）为规范快递业务，方便与客户交流，要求电话交流时使用普通话，尽量减少方言的使用。

（二）电话沟通基本礼仪

（1）及时接听电话，在电话铃响起两声以内接听，如信号不佳，难以听清对方声音，应温和地告诉对方，并请对方复述。

（2）电话服务原则：以客为先，礼貌友好，始终不急不躁，以愉快的心情接听每一个电话；面对态度欠佳的客户时，保持良好的态度，婉转地与客户沟通。

（3）接听电话要求使用文明用语，如：您好、请、谢谢、对不起、麻烦您、不客气等。

（4）接听电话时要保持礼貌，遇态度不友好的来电，仍需保持礼貌，使用职业用语，体现出良好的职业素质。

（5）接听电话时要清楚地确认问题，当不知道如何回答客户的问题时，可请同事、主管帮忙，也可请客户留下电话，待确定答案后及时致电对方予以解答。

（6）对于需转接的电话，当客户要求找某位客服人员时，接听电话者有责任代为转接，如要找的客服人员暂不在时，可请客户稍等，或耐心询问客户姓名和电话，并将需要转告的内容详细记录下来。

（7）接听电话时，随时记录下电话的内容，可在电话旁边放一个记录本，随时记录来电者的姓名、单位、电话号码、通话要点等，以方便查询。

（8）适时结束通话，通话结束时要礼貌致结束语。

任务三　快递相关法律法规知识

一、快递业相关法律法规

2009年4月24日通过中华人民共和国第十一届全国人民代表大会常务委员会第八次会议修订后的《中华人民共和国邮政法》并于2009年10月1日起施行，标志着快递服务业正式纳入邮政业，确定了其法律地位。同时，也对快递服务业依法经营提出了更高的要求。因此，作为快递服务业的从业人员，必须掌握相关的法律知识。

涉及快递业相关法律法规知识包括两个方面，包括国内法律法规和相关国际法律公约，具体内容如下：

（一）国内法律法规

（1）《中华人民共和国邮政法》；

(2)《快递市场管理办法》；
(3)《快递业服务标准》；
(4)《中华人民共和国民法通则》；
(5)《中华人民共和国合同法》；
(6)《中华人民共和国消费者权益保护法》；
(7)《中华人民共和国国家安全法》；
(8)《中华人民共和国道路交通安全法》；
(9)其他相关法律法规。
(二) 相关国际法律公约
(1)《海牙公约》；
(2)《华沙公约》；
(3)《万国邮政联盟公约》。

二、快递服务标准

快递服务标准是就快递企业市场准入、服务标准、服务环节、快件查询、快件赔偿等方面做出的规定，具体规定如下：

(一) 快递服务标准总则要求

1. 时效性
时效性是指快件投递时间不应超出快递服务组织承诺的服务时限。
2. 准确性
准确性是指快递服务组织应将快件投递到约定的收件地址和收件人。
3. 安全性
快递服务的安全性主要包括：
(1)快件不应对国家、组织、公民的安全构成危害；
(2)快递服务组织应通过各种安全措施保护快件和服务人员的安全，同时在向顾客提供服务时不应给对方造成危害；
(3)除依法配合国家安全、公安等机关需要外，快递服务组织不应泄露和挪用寄件人、收件人和快件的相关信息。
4. 方便性
快递服务组织在设置服务场所、安排营业时间、提供上门服务等方面应便于为顾客服务。

(二) 快递服务标准组织要求

1. 资质
(1)法人资质：快递服务组织（总部）应具有工商行政管理机关注册登记的企业法人资质。实行市场准入制，依照国家相关的法律、法规，对快递等邮政业务实行市场准入制度。
(2)人员资质：快递服务组织的岗位应根据快递作业组织和生产环节科学合理地进行设置，生产人员应符合相应的资格条件，取得相应的国家职业资格证书，持证上岗。要求快递服务组织及其分支机构的人员总和应不低于15人。

（3）安全作业要求：快递服务组织应具备国家规定的安全作业条件。

2. 经营理念

快递服务组织应建立服务社会、服务顾客的经营理念，围绕经营理念开展服务，并将组织的愿景、使命和价值观传递给每个员工。

3. 社会责任要求

（1）环保要求：快递服务组织应建立环保理念，在封装物、服务车辆、服务场所、工作环境等方面达到环保要求。

（2）员工发展要求：快递服务组织应制定员工发展规划，提供相应的专业培训和职业技能培训，促进员工成长。

4. 服务时限要求

快递服务时限指快递服务组织从收寄开始，到第一次投递的时间间隔。除了与顾客有特殊约定（如偏远地区）外，服务时限应满足：同城快递服务时限不超过24小时、国内异地快递服务时限不超过72小时的要求。

5. 快递服务费用要求

（1）告知：快递服务组织应在提供服务前告知顾客服务费用计算方式。告知的内容应包括快递服务计费的起重及费用，快递服务的续重及计费单价、附加服务的费用。

（2）重量计费原则：计费重量应取快件的实际重量或体积重量两者中的较大值。

（3）服务费用设置原则：快递服务费用的制定应按照《中华人民共和国价格法》的规定，遵循公平、合法、诚实、守信的原则。快递服务组织不应相互串通，操纵市场价格，损害其他经营者或者消费者的合法权益。

6. 快递服务场所要求

（1）作业场所：快递服务组织应具有封闭的、面积适宜的、配备监控设备和消防设施的作业场所。

（2）营业场所：快递服务组织宜具有固定的、易识别的营业场所，如搬迁或停业应到邮政监管部门和工商管理部门办理变更手续，并通过各种渠道和有效方式告知顾客。快递服务营业场所应有组织标志。

7. 快递服务设备与设施要求

快递服务组织应具有与开办业务范围相适应的设备（如计算机设备、通讯设备、封装器械、办公设备等），并应定期维护更新。计量器具应有国家计量检定合格证书。运输工具应使用封闭式的运输车辆，车辆宜有组织标识。

8. 快递服务信息管理要求

快递服务组织按照不同的服务内容，信息管理应满足以下要求：

（1）提供同城快递服务的组织应具备存储服务统计信息、顾客信息和投诉信息的设施，满足信息存储和查询的需要。

（2）提供国内异地、国际快递服务的组织还应具备计算机处理系统，能够提供覆盖服务范围的即时查询服务。

9. 快递服务格式合同要求

快递运单为服务格式合同，快递运单的格式条款应符合法律规定，体现公平、公正的原则，文字表述应真实、简洁、易懂。

快递运单的内容应包括以下内容。

（1）寄件人信息，主要包括：名称、单位、地址、联系电话。

（2）收件人信息，主要包括：名称、地址、单位、联系电话。

（3）快递服务组织信息，主要包括：名称、标志、联系电话。联系电话应稳定、有效，在发生变更时应及时通知有关消费者。

（4）快件信息，主要包括：品名、数量和重量、价值、封装形式。

（5）费用信息，主要包括：计费项目及金额、付款方式、是否保价（保险）及保价（保险）金额。

（6）时限信息，主要包括：收寄时间、投递时间。

（7）约定信息，主要包括：双方约定事项，包括产生争议后处理途径。

（8）背书信息，主要包括：查询方式与期限；顾客和快递服务组织双方权利与责任；顾客和快递服务组织产生争议后的解决途径——顾客可与快递服务组织协商、向消费者权益保护组织投诉、向行政部门申诉、向仲裁机构申请仲裁、向人民法院起诉等方式；赔偿的有关规定。

（9）其他。

10. 快递服务档案管理要求

（1）档案的范围。

快递服务组织应将运营过程中形成的各种记录进行分类、汇总、储存，形成档案，作为经营管理的主要依据。

档案中各项记录的内容应真实、详细，能够记录快递服务组织和顾客之间的交易过程，确保双方的权益不受侵害。

（2）档案的管理。

收集的档案宜按照快递服务人员、顾客、业务、监控、财务、组织分别组卷。

快递服务组织宜采用现代信息技术，建立档案数据库，实现档案的计算机管理和查询服务。

（3）档案的保存期限。

快递运单的实物保存期限应不少于6个月，电子保存期限宜不少于1年。其他档案的保存期限应满足相关法律法规要求。

11. 快递服务沟通

（1）顾客沟通。

快递服务组织应提供与顾客沟通的渠道，主要包括网络、电话、短信、信函等形式。沟通内容包括：业务咨询、业务受理、快件查询、顾客满意度、顾客投诉、服务承诺。

（2）内部沟通。

内部沟通渠道应包括召开会议、布告栏和内部刊物、声像资料、互联网、信函等形式。内部沟通的内容应包括：组织的愿景、使命、价值观、发展方向和绩效目标；顾客对服务技能、服务程序、服务质量等方面的要求；快递服务人员对组织的要求和反馈；组织管理者对快递服务人员的要求；组织内各部门之间沟通。

（三）快递服务环节内容及要求

1. 收寄

（1）收寄形式：收寄主要包括上门收寄和营业场所收寄两种形式。

（2）收寄要求：主要包括收寄时间要求；人员着装要求；询问与检验查看要求；封装要求；重量与规格要求；费用与单据要求。

2. 投递

（1）投递形式：主要包括按姓名和地址面交和自取两种形式。

（2）投递要求：主要包括投递时间要求；人员着装要求；投递次数要求；快件签收要求；费用和单据要求；自取方式要求。

3. 查询

（1）查询渠道：快递服务组织应向顾客提供电话或互联网等查询渠道。

（2）查询内容：包括快件当前所处服务环节及所在位置的查询服务。对于国内异地、中国香港、中国澳门、中国台湾、国际快递服务，快递服务组织宜提供全程跟踪的即时查询服务。

（3）查询答复时限：对于通过互联网不能查找的快件，顾客电话查询时，快递服务组织应在30分钟内告知顾客，告知的内容应主要包括快件所处的服务环节及所在位置；不能提供快件即时信息的，应告知顾客彻底延误时限及索赔程序。

（4）查询信息有效期：应为快递服务组织收寄快件之日起1年内。

4. 报关

国际快递服务可采用代理报关办法。从事国际快递服务的快递服务组织可设立报关部门，根据有关规定向当地海关申请代理报关资格，办理代理报关业务，并配合海关对受海关监管的进出口国际快件实施查验放行工作。

顾客交寄的需施行卫生检疫或者动植物检疫的快件，应附有检疫证书。

5. 内部处理

内部处理程序应包括信息处理、分拣、封发、运输、转运等环节。

快递服务组织的内部处理应确保快件安全，在运输、转运、投递等处理过程中，应禁止无关人员接触快件，禁止工作人员私拆、隐匿、毁弃快件，保证快件封装完好，并提高工作效率。

6. 例外处理

（1）撤回条件：寄件人撤回条件主要包括同城和国内异地快递服务，快件尚未首次投递；港澳和台湾快递服务，快件尚未出口验关；国际快递服务，快件尚未出口验关。

（2）撤回费用：寄件人在向快递服务组织提出撤回申请时，快递服务组织应告知寄件人需要承担撤回费及费用标准。

（四）快递服务改进

1. 快递服务改进基本原则

快递服务组织应对顾客满意及顾客投诉进行统计和分析，提高服务水平，达到不断改进服务质量的目的。

2. 顾客满意

快递服务组织应测量顾客满意程度，发现顾客的潜在需求，改进服务质量。

快递服务组织应收集顾客满意信息，收集的方法主要包括：向顾客发放问卷调查表；直接与顾客沟通；收集各种媒体的报告；消费者权益保护组织反映的情况；其他方法。

顾客满意的评价程序应包括：汇总顾客满意的信息，利用适当的统计技术进行分析处理，确定顾客的满意程度，找出提供的服务与顾客期望的差距并制定改进措施。

3. 顾客投诉

（1）投诉渠道：快递服务组织应当提供顾客投诉的渠道，主要包括网络、电话、信函等形式。

（2）投诉有效期：快递服务组织受理投诉有效期应为收寄快件之日起1年内。

（3）投诉受理：快递服务组织应记录的信息包括投诉人的姓名、地址和联系方式；投诉的理由、目的、要求；其他投诉细节。

快递服务组织在记录的过程中，应与投诉人核对信息，以保证信息的准确性。

（4）投诉处理时限：投诉处理时限指从快递服务组织记录投诉人投诉信息开始，到快递服务组织提出投诉理赔方案的时间间隔。

快递服务组织除了与投诉人有特殊约定外，投诉处理时限要求：同城和国内异地快件不超过30个日历天；中国香港、中国澳门和中国台湾快件不超过30个日历天；国际快件不超过60个日历天。

（5）投诉处理：快递服务组织应对投诉信息进行分析并按照服务承诺进行处理。

（6）投诉信息统计：快递服务组织应制定投诉处理表格，以便对投诉信息进行统计分析。

4. 服务改进

根据顾客满意评价结果和投诉信息统计分析结果，快递服务组织应采取措施改进服务质量，措施主要包括：树立持续服务改进的理念；规定内部人员的职责和权限，以识别服务改进的机会；保证改进过程的有效性和效率；管理者应对改进过程给予大力支持。

任务四　快递相关专业知识

一、快件业务分类

（一）快件的定义

2008年1月1日开始实施的《中华人民共和国邮政行业标准——快递服务》，对快件（express items）进行了定义，快件是快递服务组织依法收寄并封装完好的信件和包裹等寄递物品的统称。

（二）快件的分类

1. 按照快件范围分为国内件、国际件

国内件又分为同城件、省内件、省外件。

同城件：往来于本市或本县内的快件；
省内件：往来于同一省份不同地市间的快件；
省外件：往来于本地与外省之间的快件。

2. 按照快件到达目的地分为陆运件和航空件

（1）陆运件：采用公路和铁路运输方式的快件，主要用于同城件和省内件，陆运件的体积要求长不超过2.5m，宽和高不超过1.5m，否则会给运输造成很大麻烦。如果快件为轻抛物，则按体积收费，体积重量公式为：长（cm）×宽（cm）×高（cm）/12000。

（2）航空件：采用航空运输方式的快件，主要应用于国际件及省外件，航空件的体积要求长不超过2.5m，宽不超过1m，高不超过0.8m，否则不能够通过机场安检机，毛重和体积重量，二者之中取较高者，体积重量公式为：长（cm）×宽（cm）×高（cm）/6000。

3. 按服务时限划分为标准服务快件、承诺服务时限快件和特殊要求时限快件

（1）标准服务快件；

（2）承诺服务时限快件：包括当日达快件、次日达快件、隔日达快件；

（3）特殊要求时限快件：客户提出个性化时限要求的快件。

4. 按照赔偿责任划分为普通快件、保价快件和保险快件

（1）普通快件；

（2）保价快件：客户除交纳运费外，按声明的价值费率交纳保价费的快件；

（3）保险快件：客户除交纳运费外，还按照快递企业指定保险公司所承诺的保险费率交纳保险费的快件。

5. 按付费方式划分为寄付件、到付件和月结件

（1）寄付件：运费由寄方客户（公司或个人）支付的快件；

（2）到付件：运费由收方客户（公司或个人）支付的快件；

（3）月结件：月末或月初统一结算运费（适用于经常寄件的大宗客户）的快件。

6. 按照运转状态划分为特殊件、问题件和异常件

（1）特殊件包括：转寄件、委托件、自取件。

转寄件：由A地寄至B地的快件，客户又要求转寄于C地的快件；

委托件：第三方（丙方）委托快件公司，到甲方客户公司取件，送到乙方客户公司的快件；

自取件：因超出服务范围等，要求客户自取；或因涉及商业秘密等，客户要求自取的快件。

（2）问题件包括：拒付件、滞留件、退回件、错发件。

拒付件：因客户原因或操作失误，收件人拒绝支付运费（不同意到付）的快件；

滞留件：因客户、快件、收派员或其他原因无法派送的快件；

退回件：因操作失误造成无法派送，退回作业中心的快件，或客户要求退回的快件，这种快件要求收取双程运费；

错发件：由A地寄往B地的快件，因客户或收派员失误，错将快件寄至C地。

（3）异常件包括：破损件、损坏件、遗失件。

破损件：因包装不良、操作失误等原因，导致快件包装破损，须免费补寄；

损坏件：因包装不良、操作失误等原因，导致快件内容损坏，须协商赔偿；

遗失件：收派员在取件后，由于某种原因，将快件全部或部分遗失，给客户造成经济损失的快件。

二、快递业务基础知识

(一) 快递承运品知识

基于快件安全、人员安全、社会安全各方面因素考虑，不是所有的物品都可以快递的，依据国家及行业相关规定，对快递物品进行了以下几方面的规定：

1. 承运品

承运品是指快递可以承运的各种文件、物品、货物等，如：衣服类、鞋帽类、玩具类、塑胶类、包装类、五金类、钟表类、电子类等。

2. 限运品

在快递过程中，有相关条件限制的承运。（有条件）

（1）无防压防震保护措施的易碎物品，如：陶瓷、灯饰、灯具、玻璃制品等；

（2）食品类：海产品（鱼翅等），限制在 5kg 以下；

（3）需凭证明文件报关的出口物品，如：自行车、电风扇、黑白电视机、黑白显示器、茶叶、羊绒等；

（4）需凭证明文件报关的进口物品，如：电子零配件、电子元器件、机械零件、空调机和压缩机、21寸以下彩电及显像管、收录机、激光唱机、手表、照相机、摄录机等；

3. 禁运品

在快递过程中，禁止承运的物品。（无条件）

禁运的危险品主要包括：爆炸品；气体（压缩的液体气体）；易燃固体、自燃物品、遇水释放易燃气体的物品；氧化剂和有机过氧化物；毒性物品和传染性物品；放射性物品；腐蚀性物品；杂类物品。

（1）仿冒伪造名牌商品的物品；

（2）动植物及其标本，新鲜或冰冻肉制品，观赏植物；

（3）容易腐烂的物品，如：鲜鱼、鲜肉、水果、蔬菜等；

（4）国家法令禁止流通或寄运的物品，如：文物、武器、弹药、仿真武器等；

（5）妨碍公共卫生的物品，如：尸骨（包括骨灰）、未经硝制的兽皮、未经药制的兽骨等；

（6）威胁航空飞行安全的物品，如：未经消磁场防护包装的磁铁、磁钢等含强磁的制品等；

（7）各类烈性毒药、麻醉药物和精神药品，如：砒霜、鸦片、吗啡、可卡因、海洛因、大麻等；

（8）无法分辨内容的含有反动淫秽内容的物品，如：反动或淫秽报刊书籍、图片、宣传品、音像制品、激光视盘、计算机软盘及光盘等；

（9）难以估算价值的有价证券以及易丢失的物品，如：提货单、配额证、许可证、执照、护照、身份证、汇票、发票、现金、金银饰物、人造首饰等。

（10）易燃易爆、腐蚀性、毒性、强酸碱性及放射性危险品，如：雷管、火药、火柴、打火机、爆竹、汽油、柴油、煤油、酒精（液体和固体）、油漆、硫酸、盐酸、硝酸、有机溶剂、农药、手机、粉状物、液体，以及其他危险化学品。

4. 其他拒收品和查验品

（1）寄往政府机关的任何快件，一律拒收；

（2）寄方或收方地址不详的快件，一律拒收；

（3）任何自行上门投寄的快件，必须彻底检查；

（4）来历不明的客户投寄的快件，必须彻底检查；

（5）重量和内容有疑点的快件，必须彻底检查。

（二）快递安全知识

1. 快件安全知识

保证快件安全是快递业务中的重要内容，保证快件的安全是快递服务的基础，如果快件在收派转运过程中发生遗失或破损，那么快递服务本身就失去了价值和意义，而且还会对公司的品牌形象造成十分消极的负面影响。快件安全包括两项内容：快件实物安全和快件信息安全。

（1）快件实物安全。

快件实物安全主要防止其损毁、被盗、泄密和丢失，对于客户和公司来说，每一件都是独一无二的，快件在任何一个操作环节发生破损和遗失都是决不允许的。保证快件实物安全，快递人员应遵循如下几个方面的要求。

①每个操作环节都必须认真检查快件的外包装完好与否，如果有破损，可以拒绝接收，直至确认快件完好并重新包装后方可接收。

②为了对客户负责，收派员应认真检查客户交付的快件，包括其快件的内包装是否严实、物品之间的间隙是否进行了填充，外包装材料材质是否牢固，并有义务提醒、帮助客户进行加固。

③在收派过程中 1kg 以下的小件必须装入专用背包随身携带，稍重的快件可用小推车携带，并确保在任何时候随身携带的快件都不离开自己的视线范围（4m 内）；无法携带的大件可委托可靠的前台人员或保安暂为保管，绝对不能随意将快件单独留在自行车或摩托车上并放置在无人看管处。

④收派员应随身携带雨衣、塑料布等防水用品，在收、派过程中如遇雨雪天气应及时对快件进行防湿、防潮保护。

⑤在操作过程中确保 3kg 以下快件不落地，大不压小、重不压轻、分类摆放，对加贴"易碎件"标贴的快件应轻拿轻放，并单独归类存放。

⑥在快件搬运的任何一个环节中，都不得有"抛、摔、踩、踢"的行为。

（2）快件信息安全。

保证快件安全不仅仅是保证快件的实物安全，同时还必须保证快件的信息安全，包括内件信息、收寄人姓名、收寄人地址、收寄人电话等。保证快件信息安全，快递人员应遵循如下几个方面的要求：

①快件处理过程中，除工作人员外，其他人员不准查看快件。

②快递人员不得私自抄录或泄露收寄人地址、电话。
③处理快件的场所，除工作人员外，其他人员不得擅自进入。
④对于改寄、撤回及更改收件人名址的申请，须严格审阅申请人的有关证件，在未确认寄件人和办妥手续前不得将快件交申请人阅看。
⑤严禁隐匿、毁弃或非法开拆快件，发现此类情况应立即制止，并及时向主管人员报告。
⑥严禁将快件私自带往与工作无关的任何场所。
⑦发现包装破损并有可能暴露内件信息时，应立即上报。

2. 人身安全知识

快递业务的特性决定，快递业务员常常处于流动工作状态。快递业务员应时刻注意个人人身安全。保证快递业务员人身安全主要包括两个方面：交通安全和劳动保护。

（1）交通安全。

快递人员应了解交通安全知识，以保证人身、快件和交通工具的安全。无论代步工具是汽车、摩托车还是自行车，快递人员都必须严格遵守交通安全法规。保证交通安全，快递人员应遵循如下几个方面的要求。

①在行驶过程中，自行车（含电动车）收派员不能在机动车道上骑行，更不能逆行或闯红灯，雨天骑行要使用雨具，不要为了省事而打伞，否则一旦发生交通事故，往往成为受伤的一方。
②摩托车驾驶必须戴安全头盔，杜绝无证驾驶。摩托车两侧车把均严禁悬挂物品，以免影响行驶方向的稳定性，在行驶过程中严禁超速行驶。
③接听手机时，最好将车停下来，不要因为想节约一两分钟的时间导致交通事故的发生。
④在通过十字路口、弯道、交叉道时要随时注意来往车辆和行人，放慢车速，做到一停、二看、三通过。
⑤无论是在工作时间还是在非工作时间，要坚决杜绝酒后驾车。
⑥在突然遇到推动或攻击时一定保持镇定，根据情况，灵活应对，机警周旋，拖延时间；遇到危及生命安全的情况，硬拼不可取；记住歹徒的相貌特征和逃跑路线，并在确认安全后立即打电话报警。

（2）劳动保护。

快递人员办理业务时需要注意自身职业安全，有效使用劳动保护用品，进行安全作业。劳动保护用品是指在作业过程中，为免遭或减轻事故伤害或职业危害而穿戴的用品。快递人员常用的劳动保护用品主要包括：护腰带或护腰背心、口罩、防护鞋、防护手套等。

【项目小结】

本项目介绍了作为快递从业人员应具备的职业素养及道德操守；同时从仪容仪表、行为举止、服务行为和电话沟通礼仪等几个方面对快递从业人员礼仪进行了规范；也介绍了快递业及从业人员应遵循的相关法律法规及服务标准；并重点介绍了快递业务的基本知识和快件业务的分类。

【思考与练习】

1. 简述快递人员的基本职业素养。
2. 简述快递人员应注意的礼仪。
3. 简述快递服务标准。
4. 什么是快件？快件如何分类？
5. 快件承运品如何分类？

项目三　快递基本业务流程

☞ **学习目标**

教学目的：掌握各种物品及函件的受理接单、收取、分拣及派送业务；掌握接待客户查询及处理客户投诉业务；熟悉快递管制品、危险品、脆弱品及贵重物品的特性；掌握快递运输及配送的基本知识。

教学重难点：各种物品及函件的受理接单、收取、分拣及派送业务；快递客户服务业务。

【导入案例】

"光棍节"某快递公司的"暴力分拣"

10月下旬，记者开始前往广州市各大快递公司应聘派件员。经过多次投简历和面试，某快递广州分公司体育西路派送站终于同意聘用记者为派件员，派件每票一元，收件按公司规定算绩效，保底工资2000元，上不封顶。"做快递很锻炼人，我们这里做的时间比较长的，最多能赚七八千一个月。"派送站的一个负责人告诉记者。

11月2日开工第一天，记者就见识到传说中的"暴力分拣"。当天上午8点半，公司运货的面包车将快件送至派送站。工作人员七手八脚地从车上卸下几个装满包裹的麻袋，操起袋底就把包裹全倒在地上。派送站的管理人员和扫描员负责扫描快件，派件员们负责将已扫描的快件进行分拣。

每个派送员都有固定的收派件范围，所谓分拣快件，就是根据派件员的派送范围，把同属某个派件员派送区域的包裹集中归类。该快递公司分拣包裹的方法很简单：先将派送站大厅按"人头"分块，每个派送员都分得一块小空地，用于整理打包；然后查看每票快件的收件人地址，确定这票包裹由谁送；最后也是最简单的一步，直接把快件扔到这名派件员分得的空地上。

分拣快件的过程似乎很"欢乐"，派件员们一边开着玩笑，一边熟练地把快件投向大厅的某个角落。其间，不时有派件员被同事投来的包裹砸中，一边骂娘一边还以颜色，就近抓起一个包裹砸回去，还有人会拾起长条状包裹武器，追打他人。

尽管有些包裹上标有"易碎品"等字样标志，但工作人员在分拣时根本无视包裹标志，直接乱扔乱投。即使有些包裹较重，抛投的距离较远，派件员们也舍不得多走几步路，而是采取"空中接力"，通过几人的抛传把包裹扔到指定的位置。

将包裹按区域分类后，派件员们蹲坐在各自的小空地上给快件扫描工号，打包装车。有的人直接坐在包裹上操作,有些则在打包时用力挤压快件。记者曾亲眼看到一名派件员因物品塞不进装得满满的麻袋,便将一件包裹放在地上,原地跳起踩下五六次,再把踩瘪的包裹塞进打包的麻袋中。

"卧底"期间,记者每天亲历的分拣过程都是"让快件飞",几乎未见一个包裹被轻拿轻放。问及为何要将包裹丢来丢去,快递员工直言"习惯了",并称工作时间紧张、快件多,不这样做"忙不过来"。

根据上述材料分析该快递公司分拣快件过程中哪些做法不符合要求?快递公司的快件分拣后应如何装车?结合当前快递操作实际,谈谈快递处理场所应如何加以规范。

任务一 快递基本业务流程概述

快递产业是近年来发展十分迅速的一个行业,其服务对象既有生产类客户,也有消费类客户,因此,快递产业属于生产性服务与消费性服务相兼的现代服务业。各个快递公司在快件服务的具体安排上可能会存在一定的差别,但快递业务基本流程大致包括:接单、收件、接收、分拣、封发、发运、派送,其中接收、分拣、封发、发运统称为快件处理。

一、接单

接单是快递人员工作的首要环节,是指快递人员接收客户订单并予以确认的过程。在接单过程中,快递人员需做好以下几个方面的工作:

(1) 要掌握接听客户电话的礼仪;
(2) 要明确公司允许的接单方式;
(3) 掌握必需的相关信息,如快件内容、客户地址、公司名称和联系电话等;
(4) 做好收件信息的记录工作;
(5) 快速审核订单内容,并明确相关信息,包括明确是否符合公司业务经营范围、确认内件标准、确认收件时间、确认收件路线等;
(6) 尽快回复客户,告之大概取件时间(不做肯定承诺)。

二、收件

收件是指快递公司在获得订单后,由快递人员采取上门揽收或网点收寄的方式,完成从客户处收取快件和收集信息的过程。收件过程中大致包括以下几项内容:

(1) 接收客户订单信息,带好必备的用品和工具,做好收件准备;
(2) 上门拜访或接待客户,按作业标准,验视快件,拒收禁运品;
(3) 指导客户规范填写运单并检查;
(4) 完美包装快件;
(5) 准确称重,正确计费;

（6）收取资费，并指导客户签字；
（7）粘贴运单及相关标志，确保快件安全；
（8）快件运回，交款交单。

三、接收

快件接收是快递人员进行的快件总包、散件的交接过程，具体工作内容如下：
（1）办理交接，填写并核对交接单；
（2）总包装运，明确总包规格与数量。总包是指将寄往同一寄达地的多个快件集中装入容器或包袋；
（3）拆解封志；
（4）总包卸载，即将进站总包从快件运输车辆载到处理场地的作业过程；
（5）总包接收、验视。要求工作人员明确包装运输标识基本常识和快件处理场地安全知识；
（6）总包拆解，开拆已经接收的进站快件总包，将快件总包转换为散件。
（7）场地用品用具整理及检查；
（8）快件信息录入与补录。

四、分拣

快件分拣是指快递人员按快件运单书写的寄达地址，将相关的快件分到规定格口内的处理过程。快件分拣作业的主要工作内容如下：
（1）了解运单常识，检查运单填写是否规范、粘贴是否正确；
（2）了解包装知识，检查快件包装是否符合标准，对不符合标准的快件应按标准正确地选择相关包装材料并按要求包装；
（3）了解快件重量规格的相关要求，正确使用度量衡工具，检查快件规格；
（4）明确禁限运物品的相关规定，并依此要求对快件进行严格检查；
（5）选择适当的分拣方式，规范化实施分拣，提高分拣效率；
（6）掌握不合规格快件的处理程序，及时有效地处理相关问题；
（7）"寄达地城市"、"收件人地址"等关键信息如有不清晰、未填全的要补填完整。

五、封发

快件封发是指将封装后的总包按规定装码在运输设备和工具中的过程，具体作业如下：
（1）登单，通过手工登单或条码扫描登单，由分拣系统自动形成清单；
（2）总包包牌制作及放置，包牌是指快递企业因发寄快件和内部作业的需要，拴挂或粘贴在快件总包指定位置上，用于区别快件的所属公司、运输方式及发运路向等信息的标志；
（3）总包封装，将多个发往同一寄达地的快件集中规范地放置在袋或容器中，并将袋口或容器口封扎的过程；

（4）质量检查，为保证总包内所封发的快件的质量和安全，对封发总包作业中的差错进行纠正；

（5）总包的堆位和码放，按快件的共同特性和码放原则，将分拣封发的快件总包及外发的快件整齐排列，码放到指定的位置。

六、发运

快件装车发运工作是指快递人员在快递企业的统一组织、调度和指挥下，按照运输计划，根据各种运输单据，将快件迅速、安全地运达目的地的过程。快递人员须完成以下工作：

（1）根据快件时效与批量等情况合理选择适合的运输方式；

（2）规范填写快件交接单据，做好装车发运交接；

（3）严格按照装运作业标准，做好装运工作，并实施车辆封志。

七、派送

快件派送是快递工作的最后一个环节，是指快递人员按运单信息将快件交给收件人并获得客户签收信息的过程。快件派送一般分为按址派送和网点自取两种方式，下面以按址派送为例，快递人员应完成的工作。

（1）派送快件前，快递人员须做好相关准备工作。

交接快件，核实快件数量、重量，检查包装是否完好；填制快件派送交接单，判断快件地址是否准确、详细；对快件按投送范围进行分拣，并按派送线路进行排序；同时安排好合理的派送线路；检查运输工具、用品工具、通信工具；规范着装，整理仪表。

（2）快件分类捆扎，并安全保管、装卸、搬运，依据设计好的最佳路线开始派送。

（3）到达客户处，核实客户身份，提示客户验收，指导客户签收快件。

原则上，谁的快件由谁签收；代收代签时，务必由当事人签字，或由单位加盖公章；如有到付款和代收款业务，快递人员需按规定收款。

（4）拿回客户已签收凭证的"运单存联"（快件公司存留联），告辞返回。

（5）及时准确地录入派送信息。

（6）办理交接手续，具体包括交接签收回单和退单、移交无法送的快件以及移交到付款和代收款。

任务二　快件接单业务

快递公司的客户服务工作，一般由两大部分组成：前台服务和查询服务。前台服务主要是处理接单和输单业务；查询服务主要处理快递服务相关问题。接单组同查询组一样，都是客服工作的重要组成部分，两者之间有着密切的协作关系；在受理客户来电时，有时很难区分接单与查询的职责界限，客户找到谁，谁就应当主动服务。

一、接单业务工作要求

接单业务主要通过接听电话来处理，接听电话要求吐字清晰，节奏适中；态度亲切，语气柔和；多用礼貌用语，思路要清晰；不使用服务禁忌语，不推诿客户，控制通话时间。

快递公司前台服务主是接单和输单，接单岗位要做好如下几项工作。

（一）接单前准备工作

（1）接听来电前，预先坐在岗位上，准时开始工作；
（2）将登记册、服务手册、笔纸等物品摆放好；
（3）启动电脑，打开接单系统；
（4）检查电脑、电话操作是否正常；
（5）桌面整洁、心境开朗、专心致志；
（6）熟知公司经营范围、明确公司派送时效等相关业务问题。

（二）接单工作岗位要求

接单工作是面对客户的第一线，在工作中有相关要求：

（1）语言流利、规范、简练，声音柔美；
（2）急客户所急、想客户所想的服务常识；
（3）顾全大局、维护公司信誉的职业操守；
（4）严谨的工作态度，良好的沟通和协调能力；
（5）熟悉当地地理环境和收派员的区域划分情况；
（6）能解答客户一般咨询问题，初步处理客户投诉；
（7）传递信息与电脑记录时能迅速、准确、完整，反应灵敏；
（8）耐心聆听客户投诉，具有应变能力，处理事情不卑不亢；
（9）熟悉公司业务，包括服务区域、货件种类、运送时间、运费计算、报关知识、快件流程等。

（三）接单具体任务

接单具体工作任务主要包括：客户发件，也称接单；通知取件，也称下单；取件，也称跟进；同时由于客服工作的特殊性，也会协助客户查询和协调投诉业务。

1. 客户发件

客户发件要针对不同情况进行相应处理，具体处理如下。

（1）对于新客户，要详细询问客户发件人姓名、公司名称、地址、电话、联系人、派送目的地、快件重量体积、特殊服务要求等。对于上述信息，要进行复述，得到客户确认后，告之客户上门取件的大致时间，并致结束语。

（2）对于老客户，要在客户报出公司名称或电话号码时，从电脑中迅速调出客户资料，核对联系人、联系电话、派送目的地；复述相关信息，得到客户确认后，告之客户上门取件的大致时间，并致结束语。

（3）收到客户委托件的传真，记录收方和寄方客户信息，核对公司名称、联系人、联系电话、特殊要求、付款方式等；如有传真不清楚、付款方式不明确、地址不详等问题，要及时与委托方客户联系确认；如果没有问题，收到传真后，与寄方客户联系确认。

2. 通知取件

（1）准确记录接单内容，快速输入电脑，保证客户资料的准确性；

（2）力争五分钟内，通知快件所属区域的收派员取件；

（3）如果是重货，也就是大件，通知中转库主管，再通知大货司机取件。

3. 取件跟进

（1）在规定时限内，客户反映无人取件，请客户继续等待，再次通知收派员尽快取件；

（2）超出规定时限，客户反映还未取件，将情况通知作业主管，派机动人员前往取件；

（3）如因截单时间已到，再迟就无法赶上作业班车，造成收派员取件失约，应向客户表示歉意，征求客户同意后，另约取件时间，并记录这一情况。

4. 协助查询

（1）回答客户的业务查询时，要做到准确、到位，包括：服务热线、营业时间、服务范围、服务形式、产品种类、运费计算、禁运品、报关单证、收派时限、截单时间、作业班车时间表等。

（2）灵活使用服务手册，向客户作出留有余地的回答，对派送时间不可完全承诺。

（3）客户要求传真价格表、服务产品等资料，要力争十分钟内传真给客户。

5. 协调投诉

（1）情节较轻、情况单纯的投诉，当时给予答复和解决；

（2）接单员回答不了的取件方面的投诉，转交接单组主管处理；

（3）接单员回答不了的其他方面的投诉，转交查询组主管处理。

二、接单工作应注意事项

（一）回答问题注意内容

由于接单过程中客户会有一些相关问题咨询，接单员在回答问题时注意以下内容。

（1）注意在通话时使用礼貌用语，如：您好、请、欢迎、对不起、谢谢；不可用禁用语，如：不知道、不清楚、没办法、不关我的事、你找别的部门等。

（2）回答客户问题时，要留有余地，不可向客户作出肯定承诺，声明所做的回答基于正常情况，不排除意外情况的发生。

（3）对于客户来电，应仔细注意倾听，不懂的、不明白的、没听清楚的要及时向客户询问。

（4）接进电话时，随时做好记录，并及时处理相关业务。

（5）不能在工作即将开始时，仍旧在进餐。

（6）注意通话时的基本礼仪，不可一边跟客户通话一边吃口香糖或零食。

（7）工作期间不可与同事闲谈、说笑、喧哗。

（8）对待收派员态度和蔼，尽可能为收派员提供便利，不可把工作情绪转移到收派员身上，影响一线服务质量。

（9）收派员手机无法联系时，应将情况做好记录，移交作业主管处理。
（二）注意结束语的应用种类
（1）正常接单，或客户咨询业务种类、范围、索要发票、运单等正常可提供服务的业务。可使用结束语：欢迎您再次使用我们的服务，谢谢，再见！
（2）寄送禁运品、客户提供地址无法收派等无法提供服务的业务。可使用结束语：非常抱歉，希望下一次有机会帮助您，再见！
（3）客户投诉收派员未及时收件、服务态度不好等投诉项目。可使用结束语：感谢您的意见和建议，我们会不断改进服务，再见！

三、日常接单服务流程

接单工作是通过电话与客户直接交流，需要设定标准的操作流程和规范，如果没有标准和规范，就无法提供优质的服务。

（一）接单业务流程

1. 询问相关信息

在接收订单时，快递人员需向客户询问相关信息，包括：收件地址、内件种类、是否有包装、具体寄达地点、有无特定收件时间要求、是否需要携带包装物、是否需要补充快递单据等。接听电话时可按如下流程：

（1）接听电话，致问候语；
（2）询问客户姓名并记录；
（3）询问品名，确认是否是禁运品；
（4）询问目的地，确认是否在服务范围之内；
（5）询问件数、重量、体积，确认属于轻货还是重货；
（6）询问和记录客户收件地址；
（7）告知客户大致收件时间；
（8）询问是否还有其他问题，如无问题可致结束语。

2. 记录收件信息

询问客户相关信息，同时记录这些信息，记录的关键信息包括：

（1）收件地址，要详细记录收件人地址，以方便快递人员上门取件；
（2）收件时间，询问客户方便上门收件的时间，记录相关信息，以方便通知快递人员；
（3）联系方式，除详细记录客户收件地址外，还需要询问客户联系电话，能方便快递员更准确联系客户；
（4）客户特殊要求，除记录客户必备信息外，客户还有特殊要求，如特定收件时间、特殊包装等也需要做好记录。

3. 确认内件要求

根据记录的快件寄达地点不同，采取的快件的运输方式也不一样，通常同城快递和同区域内的快递一般采用陆路运输，对于跨区域的快递和国际快递则采用航空运输方式。陆路运输和航空运输对快递内件的要求不完全一致。

经陆路运输的快件内件不得含有陆路运输禁止收寄物品。全程经陆路运输的国内件禁止收寄物品如下内容。

（1）贵重物品。例如金条、银条、现金、铂金、珠宝首饰等。

（2）可议付的物品。例如信用卡、电话卡、车票、支票、非现金票证、空白的旅行票证等。

（3）古董和工艺品。例如名贵瓷器、精致玻璃制品等。

（4）医学样品。例如诊断样品、血样、尿样、人体组织等。

（5）具有易燃易爆、腐蚀性、毒性、生化、传染性、强酸碱性、放射性等性质的危险品。例如火柴、雷管、火药、爆竹、汽油、柴油、煤油、酒精（液体和固体）、硫酸、盐酸、硝酸、有机溶剂、农药以及其他列入"化学危险品实用手册"的化工用品。

（6）各类烈性毒药、麻醉药物和精神物品。例如砒霜、鸦片、吗啡、可卡因、海洛因、大麻等。

（7）国家法令禁止流通或寄递的物品。例如文物、武器、弹药、仿真武器、危害国家安全和社会政治稳定的物品以及淫秽物品等。

（8）妨碍公共卫生的物品。例如尸骨、骨灰、未经硝制的兽皮、未经药制的兽骨等。

（9）动物、植物以及它们的标本。

（10）难以辨认的白色粉末。

（11）液体类。例如含酒精的饮料、水剂等。

（12）易碎品。例如玻璃制品等。

经航空运输的快件内件不得含有航空禁止收寄物品。航空禁止收寄物品除了包括以上12种陆路运输国内件禁止收寄物品外，还包含如下物品：

（1）威胁航空飞行安全的物品。

这类物品是指在航空运输中，可能明显危害人身健康、安全或对财产造成损害的物品或物质，如烟花爆竹等爆炸品；压缩气体、干冰、灭火器等气体；油漆、汽油、松节油、胶水、天拿水等易燃液体；药用炭、钛粉、椰肉干、白磷、镁粉等自燃、遇水释放易燃气体的易燃固体；高锰酸钾等氧化剂和有机过氧化物；农药、锂电池等毒性和污染性物品；镭、钚、铀等放射性物质；蓄电池、碱性的电池液等腐蚀品；未加消磁防护包装的磁铁、磁钢等强磁制品。

（2）任何药品。

（3）其他航空禁运品。如粉末状物品；液体；外包装有危险标志的物品、刀具、榴莲、砖块、沙石、带气火机等。

4. 确认收件时间

快递人员在确认了快件的内件后，熟悉公司经营范围，按以下程序告知客户收件时间。

（1）根据快递公司相关规定，以及客户具体地址，确定收件的时间范围。

（2）根据当日收派业务量，确定较为具体的收件时间。

（3）如果客户有特殊要求，可针对客户特殊要求对收件时间进行微调。

通常情况下，快件收取既要在客户的正常工作时间内进行，还要在网点的收件截止时间之前完成。

5. 下单，通知取件

根据记录客户信息以及客户所在的区域范围，力争在五分钟内，将客户信息及取件时间等编写成精炼短信，发送至快件所属区域的收派员手机上，通知收派员上门取件。如果有重货，应协助联系中转库主管，通知大货司机取件。

6. 取件跟进

接单人员应做好取件的跟进工作，如果在规定时限内收派员未及时上门收件，应请客户耐心等候；超时限收派员未上门取件，应向客户致歉，同时联系机动人员尽快上门取件，并上报作业主管；如截单时间已过未完成上门取件，应向客户致歉，同时跟客户协商另约取件时间，并记录上报相关情况。

（二）接单业务实例

接单具体业务有很多种，如新客户或老客户要寄件、禁运品和限运品要求寄件、客户催促取件、客户再次致电取消寄件、客户索要发票或文件袋、客户投诉、客户咨询等。

下面就电话接单具体实例进行模拟。

1. 新客户要求寄件

接单员：您好！××快递公司，我是3号接线员，请问，有什么可以帮到您？

客户：我要寄件。

接单员：请问，先生贵姓？

客户：我姓王。

接单员：请问王先生，您以前使用过我公司的服务吗？

客户：没有。

接单员：好的，欢迎您使用××快递，为了方便您以后寄件，现在可以为您建卡，卡号就是客户档案的编号。

接单员：请问，您的公司名称？

客户：君信公司。

接单员：请问是君子的君，还是军队的军，是信用的信吗？

客户：君子的君，信用的信。

接单员：好的，请问，您公司的详细地址？

客户：涵晖路32号，中山大厦B座7层。

接单员：涵晖路32号，中山大厦B座7层，对吗？

客户：是的。

接单员：请问，您的联系电话？

客户：58457887。

接单员：58457887，58457887，对吗？

客户：没错。

接单员：谢谢王先生，请您稍等。

（将客户信息输入网络系统）

接单员：对不起，让您久等了；我已经为您建立了客户档案，您的卡号是123987,

请您记好。

客户：123987，忘了怎么办？

接单员：请您放心，如果忘了卡号，说出您的电话号码，也可以查出您的信息，只是系统调出的时间会长一些。

客户：哦，好的。

接单员：请问，您要寄什么物品？

客户：一件皮包。

接单员：请问，寄往哪里呢？

客户：广州。

接单员：请问，皮包大概有多重呢？

客户：差不多1.5kg吧。

接单员：好的，我们会在约1小时之内，到您的公司取件；为了提高服务效率，下次请您提供卡号好吗？

客户：好的，谢谢你啊！

接单员：不客气，请问，还有别的事情需要我的帮助吗？

客户：没有了。

接单员：再一次感谢您的惠顾，希望再听到您的电话，再见！

2. 老客户要求寄件

接单员：您好！××快递公司，我是6号接单员，请问，有什么可以帮到您？

客户：我要寄件。

接单员：请问，先生贵姓？

客户：我姓王。

接单员：请问，王先生使用过我们公司服务吗？

客户：用过的，只是忘记了卡号。

接单员：没关系，请告诉我，您公司的电话号码。

客户：58457887。

接单员：好的，请稍等；（查询系统确认）请问，您是中山大厦君信公司的王先生吧？您的卡号是123987。

客户：对的，是我。

接单员：请问，您要寄什么物品？

客户：衣服。

接单员：请问，你要寄到哪里呢？

客户：南京。

接单员：请问，衣服大概有多重呢？

客户：很轻的，大约4kg吧。

接单员：好的，我们会在1小时内，到您的公司取件。

客户：好吧，取件快一点好吗？我赶时间出去。

接单员：好的，请问还有别的事情需要我的帮助吗？

客户：没有了。

接单员：欢迎您再次使用我们的服务，谢谢，再见！

3. 禁运品

接单员：您好！××快递公司，我是6号接单员，请问，有什么可以帮到您？

客户：我要寄件。

接单员：请问，先生贵姓？

客户：我姓王。

接单员：请问，王先生使用过我们公司服务吗？

客户：用过的，只是忘记了卡号。

接单员：没关系，请告诉我，您公司的电话号码。

客户：58457887。

接单员：好的，请稍等；（查询系统确认）请问，您是中山大厦君信公司的王先生吧？您的卡号是123987。

客户：对的，是我？

接单员：王先生，请问您要寄什么物品？

客户：烟花样品。

接单员：非常抱歉，根据《国家道路运输法》规定，烟花爆竹是禁运品，快递公司不能承运。

客户：噢，能不能帮忙解决一下啊？

接单员：这件事情真的帮不上您，还请您多多谅解。

客户：这样啊，那就算了吧，我们再想想别的办法。

接单员：请问，还有别的事情需要我的帮助吗？

客户：没有了。

接单员：非常抱歉，希望下一次有机会帮到您，再见！

4. 催促取件

（1）在规定时限内催促取件。

接单员：您好！××快递公司，我是6号接单员，请问，有什么可以帮到您？

客户：我等了这么久，怎么还没见有人来取件啊？

接单员：对不起，请问先生贵姓？

客户：姓王。

接单员：王先生，能否提供卡号，让我查一下好吗？

客户：123987，不是早就下单了吗？

接单员：好的，请稍等；（查询系统确认）您是中山大厦君信公司的王先生吧？

客户：是的。

接单员：王先生，电脑记录显示，您是八点四十通知我们的。

客户：是啊，怎么现在还没到呢？

接单员：按照服务时限，应该在九点四十以前取件，现在是九点三十，我想收派员应该快到了，请您再耐心等一会儿。

客户：那我只好再等了，我赶时间出去呢。

接单员：对不起，请您再耐心等一会儿；请问，还有别的事情需要我的帮助吗？

客户：没有了，快点来取件就好了。

接单员：谢谢合作！欢迎你再次使用我们的服务，再见！

（2）超过规定时限催促取件。

接单员：您好！××快递公司，我是6号接单员，请问，有什么可以帮到您？

客户：我等了这么久，怎么还没见有人来取件啊？

接单员：对不起，请问先生贵姓？

客户：姓王。

接单员：王先生，能否提供卡号，让我查一下好吗？

客户：123987，不是早就下单了吗？

接单员：好的，请稍等；（查询系统确认）您是中山大厦君信公司的王先生吧？

客户：是的。

接单员：王先生，让你久等了，电脑记录显示，您是八点四十通知我们的，是这样吗？

客户：是啊，现在都十点了，一个多小时了，怎么还没有人来呢？

接单员：实在抱歉，我马上查一查有关情况，催促我的同事，尽快赶到您的公司，10分钟以内，我会再给您回复，好吗？

客户：就这样吧，有什么办法！

接单员：请问，还有什么事情需要我的帮助吗？

客户：没有了。

接单员：欢迎您再次使用我们的服务，谢谢，再见！

（联系收派员，了解情况，并尽快处理相关事宜，十分钟内给客户回复）

接单员：您好，王先生，我是××快递公司的6号接单员。

客户：你好！

接单员：实在抱歉，我们的收派员没有及时上门收件，我们已经联系专人上门收件，他会在十分钟内到达您的公司，请您再耐心地等一会儿。

客户：那好吧，快点来。

接单员：好的，请问，还有什么事情需要我的帮助吗？

客户：没有了。

接单员：欢迎您再次使用我们的服务，谢谢，再见！

5. 变更取件时间

接单员：您好！××快递公司，我是6号接单员，请问，有什么可以帮到您？

客户：原先说好的上午来取件，现在我要出去办事，改到下午来取件，好吗？

接单员：请问，先生贵姓？

客户：姓王。

接单员：请问王先生，您的卡号是多少？

客户：123987。

接单员：好的，请稍等；（查询系统确认）您是中山大厦君信公司吧？

客户：是的。

接单员：电脑记录显示，您是九点二十通知我们取件的。

客户：是的，上午就不用来了。

接单员：好的，张先生，我会通知收派员，下午三点左右取件，您看可以吗？

客户：可以，那就麻烦你们了，下午我会在公司等你们。

接单员：不必客气，还有别的事情，可以帮到您吗？

客户：哦，没有了。

接单员：欢迎您再次使用我们的服务，谢谢，再见！

6. 取消寄件

（1）取件前，要求取消。

接单员：您好！××快递公司，我是6号接单员，请问，有什么可以帮到您？

客户：我刚才下过单，现在情况有变，东西不寄了。

接单员：请问，先生贵姓？

客户：姓王。

接单员：请问王先生，您的卡号是多少？

客户：123987。

接单员：好的，请稍等；（查询系统确认）您是中山大厦君信公司吧？

客户：是的。

接单员：您是要取消打算寄往香港的那份快件吗？

客户：是的，你们不用来取件了。

接单员：好的，我会通知我的同事，取消您的快件。

客户：那麻烦你们了。

接单员：不用客气。还有别的事情可以帮到您吗？

客户：哦，没有了。

接单员：欢迎您再次使用我们的服务，谢谢，再见！

（2）取件后，要求取消。

接单员：您好！××快递公司，我是6号接单员，请问，有什么可以帮到您？

客户：我寄错东西了，不要寄了，马上取消，你们已经把快件取走了。

接单员：请问，先生贵姓？

客户：姓王。

接单员：请问王先生，您的卡号是多少？

客户：123987。

接单员：好的，请稍等；（查询系统确认）您是中山大厦君信公司吧？

客户：是的。

接单员：请问王先生，您的运单号是多少？

客户：0102345365。

接单员：我来复述一下，请您核对一下，0102345365，对吗？

客户：完全正确。

接单员：好的，我会通知收派员，把您寄错的快件送回去，过一会儿我会与您联系，好吗？

客户：那就谢谢了。

接单员：不必客气，还有别的事情需要我的帮助吗？

客户：没有了。

接单员：欢迎您再次使用我们的服务，谢谢，再见！

7. 客户投诉

投诉收派员不愿等候，未取件就离开。

接单员：您好！××快递公司，我是6号接单员，请问，有什么可以帮到您？

客户：我要投诉！

接单员：请问，先生贵姓？

客户：姓王。

接单员：王先生您好，请问您要反映什么情况？

客户：我已下单寄件，收派员来的时候，我正在开会，让他等一会儿都不行，没取件就走了。

接单员：王先生的心情，我非常理解；请您将卡号告诉我，我来查一下情况，好吗？

客户：123987。

接单员：好的，请稍等；（查询系统确认）您是中山大厦君信公司吧？

客户：是啊！

接单员：王先生，您反映的情况，我已经作了详细记录，我会在10分钟以内给您答复，好吗？

客户：还等什么？现在就答复好了。

接单员：请您放心，我马上通知我的同事，再去您的公司取件，好吗？

客户：就这样吧！

接单员：感谢您的来电，我马上通知我的同事，再去您的公司取件，好吗？

客户：只要尽快来取件，我也就不说什么了。

接单员：好的，我们会不断改进服务，让客户更加满意，谢谢合作，再见！

8. 回答客户咨询

（1）咨询服务范围。

收件人地址不在服务范围内：

接单员：您好！××快递公司，我是6号接单员，请问，有什么可以帮到您？

客户：我想咨询一下深圳龙岗区是否派送。

接单员：请问，先生贵姓？

客户：我姓王。

接单员：请问王先生，您具体寄往深圳龙岗区哪里？

客户：寄往深圳龙岗区大亚湾核电站。

接单员：很抱歉我们的服务范围还没有覆盖到您快件所需要到达的地址，如果收方客户愿意自取，我们可以将快件送到离收方客户最近的分点，然后再通知您的客户过来自取。

客户：这样啊，那就算了吧，我们再想想别的办法。

接单员：请问，还有别的事情需要我的帮助吗？

客户：没有了。

接单员：非常抱歉，希望下一次有机会帮到您，再见！

收件人地址在服务范围内：

接单员：您好！××快递公司，我是6号接单员，请问，有什么可以帮到您？

客户：我想咨询一下武汉市蔡甸区是否派送。

接单员：请问，先生贵姓？

客户：我姓王。

接单员：请问王先生，您具体寄往武汉市蔡甸区哪里？

客户：武汉市蔡甸区神龙大道215号。

接单员：您说的地址，属于我们的服务范围，可以取件和派送。

客户：那太好了。

接单员：如果您的物品准备好了，请随时来电，通知我们取件。

客户：好的。

接单员：请问，还有别的事情需要我的帮助吗？

客户：没有了。

接单员：谢谢您的惠顾，希望再次听到您的电话，再见！

（2）咨询快件价格。

接单员：您好！××快递公司，我是6号接单员，请问，有什么可以帮到您？

客户：我想咨询一下贵公司快件收寄价格。

接单员：请问，先生贵姓？

客户：我姓王。

接单员：请问王先生，您的快件寄往哪里？

客户：上海。

接单员：北京到上海的快件，首重1kg运费20元；50kg以内，每增加1kg，按标准加收运费6元；具体的计算方法，请登录我们的网站下载价格表，也可以到我们营业中心直接索取。

客户：好的，谢谢！

接单员：不必客气。请问，还有别的事情需要我的帮助吗？

客户：没有了。

接单员：谢谢您的惠顾，希望再次听到您的电话，再见！

9. 答复客户要求

（1）索要运单和文件袋。

接单员：您好！××快递公司，我是6号接单员，请问，有什么可以帮到您？

客户：我们公司经常寄件，运单和文件袋用光了，想让你们带一些过来。

接单员：请问，先生贵姓？

客户：姓王。
接单员：请问王先生，您的卡号是多少？
客户：123987。
接单员：好的，请稍等；（查询系统确认）您是中山大厦君信公司吧？
客户：是的。
接单员：请放心，我会通知我的同事，尽快把您要的东西送去。
客户：那就麻烦你们了。
接单员：不必客气，请问，还有别的事情需要我的帮助吗？
客户：没有了。
接单员：欢迎您再次使用我们的服务，谢谢，再见！
（2）客户索要发票。
接单员：您好！××快递公司，我是6号接单员，请问，有什么可以帮到您？
客户：我昨天寄件，你们的收派员没有给我开发票。
接单员：非常抱歉，给您带来不便；收取运费的同时，为客户开具发票，这是我们的职责。
客户：那位收派员说是发票用完了。
接单员：由于收派员身上所带的发票有限，所以未能及时给您开具发票。
客户：那你们什么时候可以给我发票？
接单员：请您放心，我会敦促收派员，在一个工作日内，把发票送到您那里，好吗？
客户：那好吧。
接单员：请问，还有别的事情需要我的帮助吗？
客户：没有了。
接单员：欢迎您再次使用我们的服务，谢谢，再见！

任务三　收件业务

收件业务就是收派员（派送员）从客户处收取快件的业务，收件是快件整体运作流程中最重要的环节之一。

收派员（派送员）这一称谓，是为了区别于邮局投递员的叫法。收派员、派送员是同一概念，多数公司叫派送员，其角色是一身二任，收件时，叫取件员或收件员，送件时，叫派送员或派件员。

一、收件业务工作要求

各个快递公司在快件服务的具体安排上可能会存在一定的差异，但基本要求及流程大致相同。

（一）收件前准备工作

1. 操作设备准备

（1）检查手机和手持终端，确保其处于正常工作状态，准备接收收件信息，确保信息收取正常、沟通渠道畅通；

（2）检查是否带齐操作所需工具：电子手秤、手持终端、终端或手机的备用电池、《内部服务手册》、大头笔、圆珠笔、介刀、背包或挎包、腰包、腰带、终端挎包、雨具、绑带，避免收件过程中因工具短缺而无法正常开展工作。

2. 营运物料准备

（1）运单：国内件运单、国际件运单等；

（2）贴纸：易碎件贴纸（分为固体易碎贴纸与液体易碎贴纸两种）、航空贴纸、陆运贴纸、普货贴纸、自取件贴纸、签回单贴纸；

（3）包装材料：透明胶纸、文件封、包装袋、运单袋、快件箱运单袋、少量填充物、红胶纸。

3. 单证准备

带齐收件所需的收据或发票、宣传单或价格表、零钱等，避免收件过程中因相关单证短缺而无法正常开展工作；

4. 交通工具准备

（1）检查交通工具的工作状况是否良好，确保人身安全及收件工作正常进行；

（2）确保交通工具的清洁，防止污染快件。

5. 个人仪容仪表准备

（1）穿着整洁干净的工服，佩戴工牌，树立并维护公司良好的员工形象；

（2）整理好自己的仪容、仪表，调整好自己的心态和情绪，保持良好的精神面貌。

6. 业务准备

（1）阅读分（点）部内的宣传栏，掌握公司最新的业务动态及相关操作通知，清楚与自己相关的替（换）班工作安排，并做好相应准备；

（2）参加分（点）部例会，及时掌握分部相关工作安排和相关通知。

(二) 收件工作岗位要求

收派员是直接面对客户的，代表着公司形象，在收件过程中有一些相关要求。

（1）服从公司调遣，协助其他工作岗位；

（2）开发新客户、维护老客户，促进业务量增长；

（3）及时收回应收账款，在规定时间内如数上缴；

（4）满足客户的合理要求，同时坚决维护公司利益；

（5）努力完成业务培训及考核，不断实现自我增值；

（6）遗失或损坏运单和货物，立即向公司汇报，不得隐瞒；

（7）熟悉快件流程和业务知识，熟悉所负责路区的地理环境。

(三) 收件工作具体任务及相关要求

（1）收到接单员的取件通知后，做好记录并立即前往取件；

（2）到达客户处，礼貌地表明身份，寻找寄件人或联络人；

（3）必须检查快件物品，无禁运品、无损坏才可接收；已封装好的货物，也要开箱检查；

（4）协助客户进行包装，对易破损易变形的货物，贴上"易碎件"标签；

（5）现场称重计价，填制运单，正确解释价格标准和计费原则；
（6）收取运费后，将运单的收件人存留联交给客户；
（7）到付件须向寄件人声明：若收件人拒付，则改为寄付，须加收服务费；
（8）将运单第一联，装入透明塑料袋，用封箱胶带将运单粘贴在快件外包装之上；
（9）填写取件清单，包括：运单号、取件路区、公司名称、重量、金额等；
（10）将取件清单、运单和货物，交给仓管员，办理交接手续；
（11）在规定时间内，向财务部上交所收款项。

二、收件工作应注意事项

在日常收件过程中，有一些实操事项应注意，或者会遇到一些特殊或突发情况，在处理这些情况时，收件员应灵活处理，具体如下：
（1）客户交寄大件货时，应通知作业中心安排汽车取件；
（2）客户所交寄的物品有损坏的，请客户在运单中注明；
（3）对一票多件的货物，将运单复印，每件货物上须粘贴一份；
（4）取件时，若发现有禁运品，或超出服务范围，要向客户耐心解释；
（5）对客户已填写的运单，须检查是否符合规范，不符合要求的，必须重新填写；
（6）若寄件人不在，由他人交代快件时，须在运单上注明关系，回公司后再与寄件人确认并做登记；
（7）注意收派时限，原则上，取件时限为1小时以内，派送时限为2小时以内，无特殊原因，超过服务时限的，责任人应受到处罚；
（8）原则上，当天收取的款项，应当天上交财务部，最迟应在收取运费后的48小时内，将款项上交公司，否则视为无故挪用或侵占公司财产的行为。

三、日常收件业务流程

收件作为快件整体运作流程中最重要的环节之一，要求收派员一定要严格按照收件标准操作流程执行快件操作，保证快件运作的顺利完成。

（一）收件准备

（1）带齐收件所需的物品、工具、单证，检查交通工具和通讯工具是否正常，保证其性能良好；
（2）收到接单组取件通知后，根据客户要求、快件内容安排收件时间和路线，在公司规定的时间内（一般是1小时）赶到寄件客户处；
（3）收到通知后，发现寄件客户不在自己所负责的路区内，应立即通知接单组，更改通知对象；
（4）对于第一次合作的客户，收派员应事先了解地点、路线状况与其他特殊情况；
（5）对于不熟悉的路线，收派员要及时与客户联系，询问到达目的地的方法。

（二）上门取件

在上门取件时，为体现公司形象，要注意以下几项操作规范。

1. 收派员上门拜访操作规范

(1) 快到客户所在公司或小区时，提前 5 分钟与客户联系，采用标准服务用语通知客户；

(2) 遵守客户所在地公司或小区的停车要求，并锁好车辆，保证交通工具安全；

(3) 进入客户公司或小区，主动与保安人员说明来意，并配合相关询问登记工作；

(4) 整理仪表，稳定情绪，面带微笑，以体现对客户的尊重；

(5) 主动问候接待人员并出示证件和表明来意，经允许后方可时入指定场所；

(6) 如因故迟到，应在约定时间前 5~10 分钟同客户联系，表达歉意。若客户提出改约，则下次按约定的时间提前 5~10 分钟上门。

2. 与客户会面时的敲门规范

(1) 当前往客户办公室或房间时，无论房门开关与否，都应按门铃或敲门，以征求客户意见；

(2) 用食指按门铃，按铃时间不超过 3 秒，等待 5~10 秒后按第 2 次；

(3) 若需要敲门时，应用食指或中指连续敲门 3 下，若等候 5~10 秒后房门未开，可再敲第 2 次；

(4) 敲门时，用力要适中，不可太重或太轻；

(5) 在等候开门时，应站在距门 1m 处，待客户同意后方可进入。

3. 会面时的自我介绍规范

(1) 上门服务次数少于两次、与客户不熟悉时，收派员应面带微笑，用普通话清晰地说"您好，我是××公司收件员×××，来为您收件"，同时出示工牌。

(2) 与客户熟悉或客户属于经常服务的对象时，快递人员可省略自我介绍，热情主动地与客户打招呼，并说明"您好，××先生/女士，我是来为您收件的"。

(3) 如果客户所寄货物尚未准备好，应礼貌地询问还需要多久；如果 15 分钟内不能准备好的话，应向客户作出解释：因时间紧张，还有其他取件任务，不能长时间等候；客户准备好以后，可再打电话通知接单组下单，另约时间前来取件；收派员还须向接单组备案，说明这一情况。

(三) 货物查验

货物要寄往的目的地有可能不在公司的服务范围以内，也有可能货物是属于禁止或限制收寄的物品，此外，客户提供的货物品名与数量有可能与实际情况不符等。基于以上原因，收派员必须对货物进行仔细的查验。

(1) 首先要查验服务范围，在问清货物的详细派送地址，通过查阅《内部服务手册》，确认是否属于公司的服务范围。

若收方地址超出公司服务区域，但附近有公司服务网点，应询问客户是否愿意改为自取件，并向其详细介绍自取件操作流程；客户同意则继续以下操作，不同意则向客户礼貌地解释不能收寄的原因。

(2) 在征得客户同意后，当面打开货物包装，用小刀划开包装时，注意不要划得过深过猛，以免割坏里面的货物。

(3) 客户拒绝查验时，应耐心解释公司规定，如果客户坚决不同意开箱查验，收派员可以拒收此件，但要做好解释工作，不应与其发生争执和口角。

（4）如果发现禁运品，要礼貌地解释不能承运的理由；同时安抚客户："下次如有其他物品托寄，我们会为您提供满意的服务。"

（5）清点货物数量，应按每种物品的最小计量单位，如：个、件、只、把、片等。

（6）外包装容易破损的，应提醒客户加固包装，以防运输中破损，造成货物遗失或损坏，并协助客户把货物包装好。

（7）对易碎品快件，更要提醒客户加固包装，否则在运输中一旦损坏，收派员要承担责任。

（8）称重。

一般用自带的弹簧秤称重。如果货物为轻抛物，则要按体积重量计价，所谓轻抛物，即每公斤体积大于 $6000cm^2$；如果货物较多，无法弹簧秤时，可按以下方式处理：

①可借用客户的秤称重；

②如果客户也无法称重，向客户说明，带回公司称重。

带回公司称重的货物，应第一时间通知客户最终计费重量和实际运费；如果需更改运单资料，必须填写运单更改确认书，交客户签名确认，否则，收派员要承担由此造成的后果。

（四）快件包装

为保证物品在运输途中的安全，应仔细检查包装，指导或协助客户使用规范的包装物料和填充物品进行包装。

1. 快件包装的目的

（1）运输安全：包装牢固、完好，保证物品运输安全；

（2）装卸方便：包装整洁、干燥、无突出物，便于装卸、搬运；

（3）避免浪费：包装尺寸、填充物合适，避免过度包装；

（4）形象推广：包装完整、美观、突出品质，体现公司形象。

2. 快件包装种类

（1）箱体包装。

如果客户自己的包装不符合运输要求，应告知客户可免费为其更换。

①如果客户拒绝快件公司提供的包装，收派员可礼貌地拒收此件；

②如果客户同意更换包装，收派员将货物带回公司后，改换成本公司的包装箱时，切不可遗留任何一件物品，尽可能恢复原先的摆放顺序；

③如果因为箱体尺寸的差异，而使原重量有所改变，应致电客户，告知现行重量，以免产生误会。

包装好后，要进行箱体检查，检查箱体外表有无破损、箱体封口是否封好封牢，发现问题立即妥善处理。

（2）胶袋包装。

对于体积相对较大，重量不是很重的货物，可用胶袋包装。

①体积小而重量轻的货物，如衣服、布样、图纸等，装入胶袋后，用封箱胶带扎好，胶袋封口处，须再用胶带封粘，以防封口黏度不够而开口；

②体积不大却比较重的货物，如拉链、铁片、模具等，尽可能多用几个胶袋装好，并用封箱胶带扎牢，以防运输中因碰撞而裂开，以致货物从中掉落；

③体积大的货物，如泡沫、海绵、大袋衣物等，如果客户的包装材料是塑料薄膜，应告之客户此种包装不符合运输要求，需改用本公司免费提供的纸箱包装；

包装中应注意一些细节，胶袋封口后，袋内常会充满空气使胶袋膨胀，行动中容易发生爆裂、货物掉落现象。对于这种情况，可用刀片在胶袋边缘，割开一个小小的口子，使气体自行排出，再用胶带将小口子封好，以确保货物的安全。

（3）特殊物品包装。

①易碎品包装，如塑胶类物品、胶卷、小电器等，应尽量用纸箱包装，在纸箱内填充抗震物料，如泡沫、纸屑等，仔细封好封牢。如果无法用纸箱包装，应在装车中，单独拿出此件，放在车内较安全的地方。

②不规则物品的包装，如工艺藤椅等。此种物品，占用空间大，而且易碎易变形，原则上拒收；如果客户坚持要托运的话，应轻拿轻放，单独把此类物品，放于车厢一角。

3. 快件包装操作规范

快件包装应依据内件性质选择不同包装材料，具体操作规范如下：

（1）文件、票证等纸张。

①物品厚度不超过1cm的，使用文件封进行包装；

②物品厚度超过1cm且不易破碎的抗压类书刊、样品等，可用包装袋进行包装。

（2）衣物等柔软耐压品。

①耐压、柔软衣物使用塑料包装袋；

②若此类物品数量较多，可选择纸箱包装。为避免发生进水受潮情况，应先包装塑料袋，再封入纸箱内。

（3）设计图纸、书画等物品。

幅面大且不能折叠的书画、设计图等，应将其卷起后放入三角筒内封装。

（4）带框类的怕压、易损物品。

①用泡沫板将凹陷及凸起处填平，然后用泡沫膜整体包裹；

②包裹后使用硬纸板进行整体外部捆包，并在平面部位用整块胶合板加强防护；

③用泡沫砖或厚纸板折叠后将各个尖角部位包裹起来；

④独立包装完成后装入纸箱或木箱内，并粘贴易碎标志。

（5）易损品、机电产品。

①将不规则零部件卸下，用泡沫包装材料进行捆包；

②其他各部位进行充分包装后装入能够完全容纳该物品的纸箱；

③用泡沫填充物填满后，再用木箱进行外包装；

④在外包装箱各醒目处粘贴易碎标志。

（6）长形物品。

①用泡沫膜包裹后放入三角筒，然后用填充材料将间隙填满；

②在三角筒各侧面醒目处粘贴易碎标志。

（7）硬性货物。
①外加麻布、纸箱、布条或绳索进行包装；
②采用"井"字形打包法，所用绳索强度应确保能够承受货的全部重量。
（8）贵重物品。
①选择坚硬、不易被破坏的包装，如木箱、铁皮箱、合成塑料箱等；
②加装"井"字形铁腰。
（9）多类物品。
根据不同物品的特定性性质先进行小包装，然后将这些小件物品集中填装到大包装箱中。大包装箱中应无空隙且物品码放合理。

4. 快件包装检查

快件包装完毕后，收派员应检查包装是否牢固，是否能保证物品安全，具体方法可以总结为"一看、二听、三感、四搬"。

（1）一看。
仔细观察外包装是否有明显破损或撕裂，如有则必须进行重新包装。
（2）二听。
摇晃快件，听是否有声音，如果有异常或破损的声音，应打开进行检查后重新包装。
（3）三感。
晃动快件，感觉寄递物品与包装物壁之间有无摩擦和碰撞，若有，应打开包装填充缓冲物。
（4）四搬。
搬动一下快件，检查是否有中心严重偏向一边或一角的现象，若有，应打开包装重新定位包装内物品位置。

5. 快件包装注意事项

收派员在进行快件的包装过程中，还要注意一些相关事项，具体情况如下：

（1）外包装材料的使用。
按快递公司相关规定要求，禁止使用一切报刊类物品作为快件的外包装材料；禁止使用有色垃圾袋和容易破损、较薄的塑料袋包装物品。

（2）贵重物品的包装。
对于贵重物品的收寄，要求包装箱内填充缓冲材料；在包装过程中与客户当面清点物品并封箱。同时，为确保贵重物品安全，保障客户权益，建议客户使用保险或保价服务。

（3）一票多件的包装。
对于一票多件的捆扎寄递，要求收派员必须在连体快件上注明运单号码，同时对连体快件进行打包带加固，确保捆扎牢固。

（4）旧包装材料的回收利用。
本着节约资源、循环利用的原则，在快递公司，许多完好的旧包装材料，如纸箱、木箱等可重复利用。在利用这些旧的包装材料时，注意在使用前必须清除原有运单及其他标记，确保不影响快件流转。

（5）正确使用胶带。

为保证快件完美包装，裁断胶带要求使用裁纸刀或剪刀等工具，不可使用牙齿咬断。

（6）注意适度包装。

选择适度的外包装及填充物；不足包装容易造成快件损坏；过度包装易造成包装材料的浪费。

完美、规范的包装，对保证货物在运输和装卸过程中的安全，防止货件的遗失，起着至关重要的作用。检查快件包装，如包装未达到《包装操作规范》中的标准，须请求客户改进包装，改进后符合《包装操作规范》，正常收取。

若客户拒绝或无法改进包装，需向客户解释并致歉表明无法收取，并致电客服部备案；若客户坚持要进行寄递，需要求客户在备注栏内备注"因本人提供的包装不合格，本人同意货物损坏后，无需赔偿"字样，并由客户本人签名。

（五）运单填写

快递运单是快递公司为寄件人准备的、由寄件人或其代理人签发的运输单据。快递运单是快递公司与寄件人之间的寄递合同，其内容对双方均具有约束力。当寄件人以物品所有人或代理人的名义填写并签署快件运单后，即表示接受和遵守快递运单的背书条款，并受法律保护。

在收寄过程中，收派员应指导客户正确、完整地填写运单并检查，同时告知客户阅读运单背书条款。

1. 运单内容

（1）运单一式六联内容。

第一联 蓝单（收件存根）：它由快递公司的发货地作业中心留存，用来计算取件票数和营业收入，以及客户查询；

第二联 红单（随件单）：它是货转运的凭证，粘贴在快件外包装上，始终跟着货物走；

第三联 绿单（报关单）：它由海关和机场留存，用于香港件的报关；

第四联 黄单（派件存根）：它由快递公司的接货地作业中心留存，用来计算派送票数和营业收入，以及客户查询；

第五联（收件人存根）：它由收件客户留存，用来快件查询；

第六联（寄件人存根）：它由发件客户留存，用于快件查询。

（2）运单正面内容的构成。

运单正面内容是对快件涉及信息的详细描述，主要包括：运单号码，寄件人信息，收件人信息，寄递物品性质、重量、资费、数量，寄件人签名，收件人签名，寄件日期，收件日期，付款方式，快递人员姓名或工号等内容。

运单具体内容如下。

运单号码：简称单号，它是快件的扫描条码（八位或十位），每一个运单的正面都有一个条码，条码与运单内容捆绑，便于快件运输途中的查询和操作；

原寄地：指寄出快件的地区，原寄地的填写，以快件公司统一规定的代码为准；

目的地：指快件到达的地区，目的地的填写，以快件公司统一规定的代码为准；

寄件方：指托寄快件的企业或个人，包括地址、电话、联络人等；

收件方：指快件送达的企业或个人，包括地区、电话、联络人等；

自取件：指由于距离、时间等原因，或应客户要求，快件到达目的地后，不需派送员上门送件，而由收件人自行前往快件公司提取的快件；

托寄物（品名）：指托寄快件的具体名称，此项必须真实填写；

价值：指客户对所寄快件的估价，它与快件的报关价值有所不同，只作为参考来填写；

数量：指快件的具体数量，详细到"个、件、只、条"等单位；

件数：指快件的整体数量，例如"箱、包"等，特别是大批量的货物；

重量：指快件的实际重量，它区别于体积重量；

体积重量：也叫体积加收，是针对轻抛货物而规定的计重计费公式；

运费：指快件的实际运输费用；

付款方式：指快件的运费，由哪一方客户支付；

月结账号：指月末或月初统一结算运费的付款方式，适用于经常寄件的大宗客户；

收件（取件员）：指收派员的姓名或代码；

派件（派送员）：指收派员的姓名或代码；

收件人签收：此栏要求收方客户亲笔签名，表示快件已成功送达客户手中，快件公司不再承担责任。

（3）运单背面内容构成。

运单背面是运单的背书条款，是确定快递企业与寄件人之间权利、义务的主要内容。背书条款由快递企业和寄件人共同承认、遵守，具有法律效力，自签字之日起确认生效。收寄快件时，快递人员有义务在收取快件时提醒寄件人阅读背书内容。

运单背书条款主要包括以下内容：查询方式与期限、快递企业与寄件人双方的权利与责任、快递企业与寄件人产生争议后的解决途径、赔偿的有关规定。

2. 运单填写规范

不同快递企业的运单格式存在差异，但运单栏目的内容基本相同。

（1）运单填写总体要求。

①运单填写须使用规范的汉字，不得使用不规范的简化字，也不得使用自造字、异体字；

②如果使用少数民族文字，应当加注汉字；

③用外文或汉语拼音填写的，应当加注汉字；

④填写应使用黑色或蓝色笔，或使用打字机、针式打印机填写。应确保各联所填写的内容一致，且从第一联到最后一联的字迹都能清晰辨认。禁止使用铅笔或红色笔填写。

⑤要求字迹工整。

⑥书写的数字、字母必须工整清晰，尤其要注意数字与数字之间以及字母与字母之间的区别。为了避免由于数字填写过大，超出各栏的方框线而造成运单错误，要求填写运单上的件数、计费重量、资费、实际重量及其他数字栏时，数字必须在方框内，不得压线或超出方框范围。

⑦填写电话号码时，注意固定电话号码的位数，例如国内座机号码目前为7位或8位，如不足7位或多于8位，则号码有误；

⑧国内的手机号码为11位，如手机号码超过或不足11位，则可能号码有误。此时，应再次与寄件人确认号码的正确性。

（2）运单填写具体规范。

①寄件人信息。

寄件人公司名称：私人寄件可不填写寄件人公司名称，公司寄件必须填写寄件人公司名称；

寄件人姓名：必须填写全名，填写英文名或中文名可根据快件类型确定，一旦发生拒付拒收、无人签收，或收件方地址不详、搬迁等情况，可用来及时联络寄件方；

寄件人电话：必须填写寄件人电话，包括电话区号和电话号码，座机或手机号码可由客户自行提供，要求准确无误，数字清晰，便于快件异常时可以及时联系到寄件人；

寄件人邮政编码：根据各快递企业要求决定是否填写此项内容，如运单要求填写出邮政编码，须请客户提供正确的邮政编码；

寄件人地址：详细填写寄件人地址，如××省××市××区××镇村或××省××市××区××路××门牌号码，以便在快件退回时可以尽快找到寄件人。

*要求收派员不得替对方填写寄件人信息

②收件人信息。

收件人公司名称：收件人是私人，可不填写收件人公司名称，收件人在公司签收快件，则必须填写收件人公司名称；

收件人姓名：必须填写全名，填写英文名或中文名可根据快件类型确定，如果寄件方无法提供收件方的详细地址、电话和联系人，应向客户说明，可能会延误派送或无法派送，快件一旦退回，要收取双程运费，如果客户执意要寄，应在运单上注明寄件人只能提供此地址，或者要求收件人自取。

收件人电话：必须填写收件人电话，包括电话区号和电话号码，座机或手机号码可由客户自行提供，便于快件异常时可以及时联系到收件人；

收件人所在地邮编：根据各快递企业的要求决定是否填写此项内容，如运单要求填写出邮政编码，须请客户提供正确的邮政编码；

收件人地址：必须详细填写收件人地址，按"××省××市××镇××村××工业区/管理区××栋（大厦）××楼××单元"或"××省××市××区××街道（路）××号××大厦××楼××单元"填写。

*要求收派员不得替对方填写收件人信息

③寄递物详情。

详细填写寄递物品的实际名称，不允许有笼统字眼，如"样板（版、品）"、"电子零件"等；

品名内容后不可有"部分"字样，应明确具体数量；

出口件的寄递物品需根据物品性质、材料来详细申报，如衫、裤要注明用料为针织、棉、毛、皮、人造皮革、化纤等，玩具要注明材料为布、塑料或毛绒等，以保证快件发运过程中正常通过安全检查而通关顺利。

＊要求收派员不得替对方填写寄递物品信息

④数量、价值。

收派员与寄件人共同确认寄递物品的数量及价值后填写。

⑤重量。

根据快件性质和规格，收派员与寄件人共同确认后填写快件实际称重重量或计算的体积。

⑥资费。

收派员根据快件重量计算快件的资费，并与寄件人共同确认后填写。

⑦付款方式。

收派员与寄件人共同确认后，寄件人在运单上勾选正确的付款方式。

⑧日期、时间。

如实填写寄件和收件的日期、时间，时间精确到分钟；收派员不得替对方填写日期、时间；寄件时间和收件时间准确填写，事后，客户指责延误派送时，可用来作为服务时限的凭证。

⑨寄件人签名。

寄件人在该栏签名，确认快件已经完好地交给收派员，收派员不得替寄件人签名。

⑩收件人签名。

收件人在收到快件并对快件外包装进行检查后，在运单收件人签名栏签名，确认快件已经签收，收派员不得替收件人签名，要求收方客户亲笔签名，表示快件已成功送达客户手中，快件公司不再承担责任。

⑪收件员签名。

上门收取快件的收派员在收取寄件人的快件后，在此处填写姓名或工号，表明此票快件由该收派员收派；签字并填写员工工号，出现问题时，可查找责任人，也用来考核收派员的工作绩效。

⑫派件员签名。

收派员将快件派送到收件人时，请客户检查快件包装是否完好并签字后，在运单上填写姓名或工号，表明此票快件由该收派员派送；签字并填写员工工号，出现问题时，可查找责任人，也用来考核收派员的工作绩效。

⑬备注。

如有其他的特殊需求或是快件出现异常，可在"备注"栏上列明，如急件、易碎件、自取件。

3. 运单粘贴

运单正确填写后，要进行运单粘贴，也称为做件操作。

（1）运单标注：用大头笔在随货运单的左上角标明目的地代码。

（2）粘贴运单：将随货运单平整放入运单袋内，封装了后用透明胶纸将其粘贴在指定位置。

（3）粘贴标签：根据货件的类别、属性、派送方式选用相应的标签贴纸，按要求贴在快件指定位置。
（4）将运单完整 12 位运单号写在运单下方的外包装外。
（六）称重计费
收派员对包装好的物件进行质量和体积的测量，按照公司资费计算标准计算运费和保险，并在运单上准确记录。
1. 运费报价
礼貌地向客户说明快件的运费。
2. 收取运费
运费结算方式可以以现金、支票或月结方式，具体情况如下：
（1）礼貌地接过客户支付的现金，当面清点、核对，确认无误后放入随身携带的钱包口袋，清点钱款时注意，不可手沾唾沫，影响公司形象。现金结算注意钞票的真假。
（2）确认付款方式并在运单方框内打勾，月结客户写清月结账号。
（3）如果是转第三方月结付款，须核对第三方公司的月结资料，在第三方付款栏填写：公司名称+明细分点部代码+联系人+联系电话。
（4）如果是支票结算，要求注意检查支票日期、公司名称、印章的完整性。
3. 出具发票
客户索要发票时，撕下同等金额的定额发票交给客户，发票用完或票额不足时，向客户作出解释，下一个班次带过来；如果客户不要定额发票，要向客户说明收派员只准携带定额发票，手开发票须由公司财务部开出，只能下一个班次带过来，并与客户约定时间。
4. 其他情况
收取运费后，如果客户又要添加少量物品，在时间允许的情况下，应满足客户要求，无需更改重量的，仍使用原单；需要更改重量的，必须重新填单。
（七）运输入库
完成取件任务后，与客户道别，并按规定时间返回公司。
（1）收件收取完毕，收派员还要对公司的业务作必要的宣传，同时收集客户对公司服务的意见或建议，这样才能不断拓展公司的业务、提升公司的服务水平。
①宣传公司业务。
主动向客户宣传公司的服务项目、服务优势以及公司最新开通的服务范围等业务情况。
②收集客户意见。
主动询问客户对公司服务的意见和建议，并做好详细记录，将相关信息及时反馈给公司有关部门。
③与客户道别。
礼貌与客户道别，注意带齐所有的工具、物料和快件，并清理现场。
（2）应按规定时间返回公司，在运输过程中，应注意以下几种情况。
①装车和卸车时，要轻拿轻放，摆放整齐，以防散包或损坏物品；
②大件物品或超长超重物品，要请人帮忙一起搬运；
③体积小的易碎件，应放置在大件或重货的上面；

④体积大的易碎品，应通知公司大车运回，以免损坏；

⑤用摩托车或自行车驮运时，应将文件类的小件放入随身背包，以免运送中不慎掉落，快件应捆绑牢固，以防运送中掉落。

（八）快件信息录入

收派员收取快件后，应将快件的运单号码、寄件人和收件人信息、寄递物件信息、资费、重量、目的地、寄件日期及时间、收件收派员的姓名（或工号）等信息录入快递企业的信息系统。

收派员在快件信息录入完毕后，应立刻将其上传至快递企业的网络信息系统，并与之对接，使得寄件人、收件人可凭运单号码查询快件的状态。

1. 快件信息录入目的

（1）便于客户查询；

（2）便于快件配载计划的制定；

（3）便于快递企业各网点进行财务收款。

2. 快件信息录入步骤

（1）打开信息录入系统界面；

（2）快递人员登录验证；

（3）选择输入方式，可键盘录入、读卡机输入、光电输入；

（4）录入快件信息；

（5）检查输入信息。

在快件录入信息过程中，要求录入信息真实、完整、及时，不得捏造签名、简化输入、延缓录入等。

（九）交接快件

交接快件是指快件经验收后，在运回营业网点或中转站时，收派员与网点或中转站处理人员共同对快件和运单进行复核，以确保快件和运单完好、相符的作业。

收派员在与网点或中转站处理人员交接快件时，需遵循以下三个原则进行一次性交接。具体三项原则如下。

快件与运单一起交接的原则：本着一票快件对应一张运单的原则交接快件，以便共同核对。

当面交接的原则：双方当面共同确认快件和运单信息，如果出现问题须现场解决，或退回给收派员。

交接必签字原则：双方确认快件和运单信息无误后，须在公司规定的收寄清单上签字，确认交接完成。

各快递公司根据具体业务情况，进行快件交接的时间、地点及相关具体操作有所不同，但大概流程却是一样的，具体流程如下：

1. 复核快件

交接快件前应对快件进行复核，对每一票快件重新进行认真仔细的复查，包括快件的内容、包装、重量、价格和运单填写等，保证交给仓管员的快件都是没有任何问题的完美快件。具体核对步骤如下：

（1）检查快件包装是否牢固。

如有异常，收派员应与网点或中转站员一起在摄像头监控下拆开包装，重新加固封装。

（2）检查快件上的运单是否粘贴牢固。

若运单缺损，应重新填写一份运单代替原运单，并及时将新运单号告知客户。

（3）核对运单数量与快件数量是否相符。

若不符，必须及时找出数量不符的原因并跟进处理。

（4）检查运单是否填写完整、正确。

2. 登记收寄清单

登记收寄清单是指收派员收取快件后，应在固定的清单样式上登记快件信息。收寄清单的样式如表3-1：

表3-1　　　　　　　　　　　　　　　**收寄清单样式**

序号	运单号	重量	付款方式	目的地	日期	时间	收件员姓名（或工号）	备注

登记收寄清单，可以有两种方式，一种手工登单，一种计算系统登单。

（1）手工登单。

手工登单要求字迹工整，便于识别；要求信息完整，即必须根据清单填写要求，将运单上相应内容完整地登记在清单上；要求真实，即按照要求如实填写快件信息。

①快递人员按照清单填写要求，将快件信息抄在清单相应位置；

②全部信息抄写完毕后，将清单中的一联交给网点或中转站处理人员，一联自留保存。

（2）计算机系统登单

计算机系统登单的工作步骤如下：

①网点或中转站员对收派员交回的快件和运单进行扫描；

②将数据上传至快递企业的数据库；

③整理收件人员的收件信息并打印出清单；

④清单一式两份，由收派员签字确认。

3. 按要求交接快件

收派员收取快件后,一定要按照快递企业规定时间将所收快件送达。由于同城快递件的车辆安排比较容易,所以交接快件时间有一定的弹性;而采取航空、铁路或水运方式运输的快件,则必须按照航班、火车列次、轮船班次的要求来进行快件交接。

一般情况下,对于不同的快件,交接时限有所不同,具体交接时限要求如下:

(1) 同城快件以及邻近城市的异地快件应于本日分拣工作结束前送至中转站。分拣工作的截止时间应为汽车次日能到达目的地预留充足时间。

(2) 对于采用航班、火车、轮船运输的快件,必须为快件分拣,快件运送到飞机场、火车站等环节预留充足时间。

(3) 如果快件类型包括同城快递、异地快递和国际快递。收派员应于每日中午和晚上固定时间前将快递交至分拣中心。

(十) 营业款交接

营业款主要包括两个方面:当面与客户一次性结清的散单营业款和定期与客户结算的月结营业款,进行营业款交接应掌握交接原则与步骤两项内容。

1. 营业款交接原则

在进行营业款交接时应遵行以下三个原则:

(1) 收派员必须将营业款移交给公司指定的收款人员;

(2) 所有营业款必须在当日结清,不得将款项留在收派员处过夜;

(3) 应于公司规定结算时间前交接完毕,移交工作不得延误。

2. 营业款交接步骤

营业款交接工作是收件业务的最后一个步骤,收派员应做好这项工作,具体步骤如下:

(1) 交款准备。

收派员应在交款前做好相应的准备工作,整理并清点好当天的收寄清单和营业款,为交接做准备。

(2) 出具清单。

网点或中转站收款人员应根据系统信息向收派员出具当天的交款清单,作为收款依据。

(3) 核对清单。

收派员根据当天收寄清单核对网点或中转站提供的收款清单。如果核对有差异,应立即与收款人员确认。

(4) 交款签字。

核对无误后,收派员按照交款清单的营业额移交现金或支票,完成交款工作。

四、收件业务特殊情况处理

收件过程中会出现一些特殊和突发的情况,针对这些情况,收派员在保证人员和快件安全的情况下,按照相关规定进行灵活处理,尽一切可能为客户提供满意的服务。具体的情况分为以下两种:

(一) 快件更址和撤回

1. 快件更址

快件更址是寄件人在寄发快件后提出需要变更或修改地址,对于这种情况,收派员在明确更址条件的情况下进行更址申请。

(1) 快件更址条件。

如果寄件人在寄发快件后提出需要变更或修改地址,收派员应向其明确快件更址条件。快件更址条件依据快件性质不同有所不同,大致分为两种:

①同城和国内异地快件

如果是同城和国内异地快件,在快件尚未派送至收方客户处的,可申请更改派送地址。

②国际快件及港澳台地区快件

如果是国际及港澳台地区快件,在快件尚未出口验关的,可以申请更改派送地址。

(2) 快件更址申请。

寄件人在寄发快件后,如果需要变更或修改派送地址的,需要填写"快件更址申请单",具体内容及样式如图 3-1 所示。

快件更址申请单

关于___年___月___日经"××快递"寄往___(单号为_____)的快件,我公司(或本人)请求更改寄送地址。

将原送达地_____,

变更为_____。

并且接受贵公司关于改寄运费的相关规定,请安排。

盖章/签名
联系电话:
_____年___月___日

图 3-1

2. 快件撤回

快件撤回,是寄件人在寄发快件后提出需要撤回快件,对于这种情况,收派员在明确撤回条件的情况下进行撤回申请。

(1) 快件撤回条件。

如果寄件人在寄发快件后提出需要撤回,收派员应向其明确快件撤回条件。快件撤回条件依据快件性质不同有所不同,大致分为两种:

①同城和国内异地快件

如果是同城和国内异地快件,在快件尚未首次派送,或已首次派送但尚未派送成功的快件可撤回。

②国际及港澳台地区快件

如果是国际及港澳台地区快件，在快件尚未出口验关的，可以申请撤回。

（2）快件撤回申请。

寄件人提出快件撤回要求后，收派员应指导寄件人填写"快件撤回申请单"，并将其交送客服人员进行撤回处理。具体"快件撤回申请单"格式如图3-2所示。

快件撤回申请单
关于___年___月___日经"××快递"寄往____（单号为_____）的快件，我公司（或本人）请求撤回，愿付退回运费____元，请安排。 盖章/签名 联系电话： _____年___月___日

图 3-2

（二）紧急事故处理

在收件流程，特别是运输途中，会遇到一些紧急事故，如可能会遭遇盗抢，遭遇地震、洪水等自然灾害，以及遭遇交通事故等，快递公司针对这些紧急事故制定了一系列处理方法。

1. 遭遇盗抢处理的办法

收件途中遭遇盗抢情况的处理办法如下：

（1）保证个人生命安全；

（2）记清作案人员的相貌特征；

（3）向最近的派出所报案，告知所有具体情况；

（4）联系上级主管，告知事件情况；

（5）将当班警员姓名、编码、派出所地址、电话等信息向公司汇报。

2. 遭遇不可抗力的处理办法

在快件收取往返途中，若遭遇地震、洪水、龙卷风、火山爆发等自然灾害时，收派员可采取以下应急措施：

（1）全力进行自救，保证个人生命安全，尽可能保证快件安全；

（2）尽快将现场情况向客服人员和上级主管汇报；

（3）将运输车辆停放在安全地点；

（4）在保证自身安全的情况下，进行抢险工作；

（5）检查快件，将坏损情况向客服人员报告。

3. 遭遇交通事故的处理办法

在遭遇交通事故后，收派员可按照如下办法进行处理：

（1）关闭发动机，打开双闪灯，锁好车辆；
（2）查看有无人员受伤，如有，应立即实施急救；
（3）向车队调度汇报情况，检查车辆损毁情况；
（4）向保险公司报案，寻找目击者进行记录；
（5）做好现场情况记录并报警；
（6）配合交警处理，并根据处理时间转移快件。

任务四　快件接收业务

运输车辆进入中转站，中转站作业人员准备接收快件，并完成一系列分拣、封装、装车发运等快件处理工作。因此，接收快件是快件处理的首要任务。完成快件接收首先要做好准备工作，然后到件接收，再进行总包拆解。

一、快件接收准备工作

为确保快件能及时发运，需要高效率的快件处理作业。这就要求快件处理人员事先做好各项准备工作。各项准备工作包括以下几个方面。

（一）检查操作变更通知

主要检查快件处理是否有变更，以及作业系统是否有变更。

1. 检查快件处理是否有变更

在快件到达中转站开始分拣之前，快件处理人员应先检查有无快件处理变更单。快件处理变更内容主要包括收件人姓名、收件人电话、收件人地址、保价条款、到付金额以及付款方式等。

2. 检查作业系统是否有变更

较常出现作业系统升级或程序变更的模块主要包括扫描系统、打印系统、快件分拣系统、快件封扎系统、仓储管理系统等。快件处理人员检查各个作业系统是否有版本升级或操作变动的情况，以及检查扫描、分拣设备，核对条码采集器或阅读设备中的作业班次和时间两个方面。

（二）搬运工具准备

快件到达中转站后，将进入处理流程，此时应根据快件属性选择恰当的搬运和卸载工具，这对维持快件安全与完整具有重要的作用。

针对不同快件，作业人员应选用不同的工具进行搬运和卸载。如针对无特殊搬运要求的普通物品，作业人员可使用夹钳、滚杠、撬杆、叉车并具或进行手工作业；对于包括玻璃、陶瓷、镜面、灯、工艺品等易碎易损品可以借助手动叉车、升降叉车、手推车等工具或进行手工作业。

（三）作业人员个人准备

快件处理人员在工作前应调整好精神状态，自行检查服装和劳保用具是否穿戴整齐，是否符合企业作业标准，具体内容包括以下几个方面：

（1）保持良好的精神面貌、愉悦的心情开始投入工作；

（2）穿着企业统一工装及工作帽；
（3）要求衣帽干净、整洁、无污物；
（4）穿戴好防护手套、护腰用具、劳保鞋等防护用品。

二、到件接收

到件接收是收件处理作业的第一环节，在这一环节中，中转站场地作业人员需要完成的工作主要包括按规定交接验收总包快件规格与质量、对快件运输车辆进行封志以及填写快件交接单等事项。

（一）办理交接

快件到达中转站场地，应与中转站作业人员完成交接手续，核对验收总包快件数量、规格与质量。

1. 快件交接步骤

快件运输车辆进入中转站分拣场地后，快件处理人员可按以下步骤完成快件交接验收手续。

（1）引导车辆停靠。

车辆要停靠在指定交接场所，这时要特别注意，为了作业人员的安全，引导车辆时，人不可在车辆正后方。

（2）核对车辆牌号。

作业人员注意与交接单上核对车辆牌号，检查交方车辆是否符合业务要求。

（3）检查押运人员身份。

作业人员注意检查押运人员的证件是否齐全、身份是否符合业务要求。

（4）检查交接单。

作业人员注意检查交接单上的内容填写是否完整、正确，章戳签名等是否符合规范。

（5）检查封志、卫星定位系统记录。

作业人员注意检查车辆封志是否完好无损，有无拆动痕迹，车辆卫星定位信息有无非正常停车开门等记录。

（6）核对总包数量与交接单信息。

作业人员注意核对总包数量与交接单上数量是否相符，如实际数量与交接单信息不符，需当面查清原因，或者在交接单上作说明批注。

（7）检查总包包装。

作业人员注意检查总包包装是否完好无损，对于破损、有油污、不符合标注的总包，双方应当面处理，并如实填写记录。

（8）快件交接签名。

快件交接结束后，作业人员必须在交接单上注意接收时间，并签名盖章确认，以明确双方责任。

2. 交接单操作规范

交接单是快递作业中运输与处理两部门在交接总包快件时的一种交接凭证，是登记交接快件的相关内容的一种工具表单。

快件运输人员与处理人员在交接总包快件的过程中,交接单是交接双方交接工作的书面证明,快递企业需要制定交接单操作规范以指导和约束交接方的工作。各快递企业交接单具体规范因各自业务量不同而有所区别,但通常交接单规范主要包括如下内容。

(1) 交接单的制作。

快件在转仓时,相关部门应在操作系统内制作交接单;如因网络、电力等不可抗力因素导致无法及时录入运单和制作交接单的,必须联系下一环节的运作及时补录运单并制作交接单;交接单内需附单号、走货方式,并且所有内容必须与相应交接单的内容保持一致;交接单表头内容包括交接部门、到达部门、编号和日期;交接单内容包括单号、部门、件数、重量、体积、目的地、品名、包装和交接人等。

(2) 交接单的填写。

快件出仓时,装车人员和司机必须按照真实情况填写交接单,并在指定位置签名或盖章;到货卸好后,卸货人员和司机应根据实际情况进行清点和记录,并在指定位置签名盖章;交接单内容如需更改,必须在更改栏目旁签名确认,如果手动更改的单号超过6个,必须重新制作一份交接单;分批配载须在交接单上进行备注。

(3) 交接单的交接。

贵重物品、空运货以及偏线、城际快车、专线需要单独进行交接;交接单由发出部门、外场、司机、专线各留一份,各份交接单的内容必须清晰易辨。

(4) 交接单到货确认操作。

运作部门、收件公司营业部、发件公司营业部必须对所有到件进行交接单到件确认操作,确保下一环节操作;各部门进行交接单确认时,如果发现有未制作交接单的快件,必须由代收件部门制作交接单,并向收件部门提取操作费;各运作部门发现有快件在系统中未录入运单信息的,必须由代收件部门补录运单,同时制作交接单,并向收件部门提取操作费;代替录入运单信息而导致差错的,责任由录入部门承担。

(二) 拆解封志

封志是为了防止车辆在运输途中被打开而对车辆车门进行固封的一种方法。快件处理人员应对封志的类型有基本的认识。

封志包括信息封志和实物封志。信息封志是指全球卫星定位系统与地理信息系统结合的信息记录。实物封志包括纸质封志、塑料封志和金属封志。

纸质封志主要有封条和封签,金属封志主要有施封锁和铅封,因需保证其安全性,快递行业通常使用金属类封志和塑料封志。

中转站作业人员在进行快件处理时,应按如下步骤进行封志拆解。

1. 检查封志

快件作业人员在拆解之前,应认真检查封志是否已被打开过,对于松动、有可疑痕迹的应做记录。

2. 检查封志印志号码

快件作业人员应检查号码、标签是否清晰,对于模糊、有更改痕迹的应做记录。

3. 封志信息录入

快件作业人员应对封志信息进行录入,可采用扫描枪登记或手工登记,注意与交接单内容或上一作业环节的信息进行核对。

4. 拆开封志

快件作业人员拆开封志，在拆开封志时，注意不同施封方法应采取不同的措施。对于施封锁，应用钥匙开启，同时注意妥善保管钥匙以备查询或循环使用；对于其他封志，应用剪刀或专用钳拆解封绳。同时注意不得损坏封志条码或标签。

（三）总包卸载

对总包进行拆解封志后，就需要进行总包卸载，总包卸载作业要注意保证货物的安全和作业人员的人身安全，具体总包卸载作业要求如下。

1. 作业人员安全保证

（1）车辆停稳后才能开始作业，作业人员不要一拥而上；进出车厢应使用防护扶手，以免摔倒；

（2）遵守先上后下、先外后里、按单点货的原则；

（3）着装规范，戴好防护手套、防护腰带，穿好防滑鞋；

（4）卸载体积大、重量重的总包快件，应双人或多人协同作业，并使用托盘、叉车等卸载工具；

（5）如果所卸载快件有破损并渗漏出不明物品，必须用专用防护用具、用品进行隔离，切忌用身体直接接触或用鼻子嗅；

（6）如果要将卸载总包堆码在手动运输的托盘、拖车、拖板上，码放时要注意对重量、宽度和高度的控制，以免发生快件倒塌砸伤人员或损坏物品的情况；

（7）使用托盘、拖车时要分清头尾，不得反向操作；拉运快件时应专心，不要东张西望；

（8）装卸工具严禁载人。

2. 快件卸载安全保证

（1）卸载时，不得采取抛掷、拖拽、摔打、踩踏、踢扔、坐靠及其他任何有可能损坏快件的行为；

（2）对于贴有易碎品标志的总包快件要轻拿轻放；

（3）放置易碎品总包快件时，需要在快件底部距作业面10cm以下时才能放手；

（4）卸载破损总包时，应注意保护内部单件，避免出现二次损坏快件的现象；

（5）使用机械或工具辅助卸载时，应按规范操作机械或工具；

（6）禁止野蛮、粗暴操作，禁止任何有可能损坏快件的操作；

（7）如遇雪雨天气，卸载总包时应做好防水防潮及受潮快件处理工作；

（8）卸载结束后，接收人员应检查车厢、场地周围有无遗留快件。

3. 快件码放安全保证

（1）总包快件卸载后，应区分直达件与中转件、手工分拣件与机械分拣件，并按堆位要求分别码放；

（2）码放快件时，做到重不压轻、大不压小，做到有序、整齐、稳固码放，做到总包袋口一律向外；

（3）偏大、偏重的总包应单独码放或码放在底层，以防砸坏小件、轻件；

（4）标有易碎品标志的快件、不耐压的快件应旋转在顶层或单独码放；

（5）对标有不准倒置、怕晒、怕雨、禁止翻滚、堆码重量和堆码层数受限的快件，应按操作规范进行作业；

（6）卸载在托盘、拖车、拖板上的总包快件，码放高度一般不得超过把手；

（7）不规则快件、一票多件快件、需要特殊处理或当面交接的快件应单独码放。

4. 受损快件特殊处理

（1）遭受油污的总包应交专人处理；

（2）若发现受潮快件，应交由专人根据快件的属性进行妥善处理，严禁无端挤压、烘干受潮快件等行为。

5. 手工搬运快件作业

手工搬运是快递企业常见的快件卸载方式，在手工搬运中，卸货员应注意以下安全要求：

（1）肩扛，肩扛时，物品应轻于人体重，最好有人来搭肩，重物到肩方可起立，谨记直腰勿弯曲，以免扭伤；

（2）肩抬，两人以上抬重物，大家同一侧顺肩起，换肩时需将重物放下，保证两人同起同降，这样才能保证不受伤，最好是有人喊着品号保持统一步调；

（3）使用撬杠，使用的撬杠长短是有区别的，在使用时，应视物品重量来选取，操作时人杠应在同一侧，两腿叉开，同时手用力，为保障安全，切记不可骑站在撬杠上；

（4）使用滚杠，较重的物品一般使用滚杠来移动，使用滚杠时，重物下方应放置一块托板，托板下方再放置滚杠，选择的滚杠的大小须保持一致，同时调好方向，这样最是省力；

（5）使用跳板，使用跳板时，应检查跳板质量，不可有破裂或腐朽的损坏跳板，要求跳板有足够的厚度，坡度和长度也应合理，跳板两头还应包铁箍。

（四）总包验收

总包验收是快件进行分拣的首要环节，分拣人员必须于快件卸载的同时严格把关。具体来说，应以交接单上登记的内容或信息系统中的信息为准，将这些内容或信息与总包快件的实物相比对，确保在规定的时间内快速、准确地完成总包验收工作。

1. 总包验收操作要点

（1）验收顺序要求。

除有特殊规定外，按车辆到达的先后顺序进行验收。不同批次或车次的总包应分别验收，不得混淆处理。

（2）验收人员要求。

总包验收工作要求交接双方同时作业，收方负责逐包扫描、查询总包、复核总包数量和规格，交方负责核实总包的数量、核对交接信息。

（3）对总包进行称重。

对总包进行逐包扫描称重，并上传信息，比对扫描结果，或将扫描信息与交接单内容进行核对。

2. 总包检查操作要点
（1）检查总包发运路向是否正确，总包规格、总包重量是否符合要求；
（2）检查包牌或标签是否有脱落或字迹不清、无法辨认的现象；
（3）检查总包是否有破损、受潮、油污等现象，或是否有拆动痕迹。
3. 总包验收异常处理
对于验收发现异常的总包，交接双方应当场处理，明确责任。
（1）发现总包的数量、重量、路向等信息与总包包牌所注不相符时，应及时、准确地找出原因，并予以反馈。
（2）发现总包有其他异常时，交接双方应立即处理，明确责任归属，不可模糊处理。

三、总包拆解

总包拆解作业，就是开拆已经接收入库的进站快件总包，将快件由总包转换为散件，从而为快件分拣做准备的环节。不同的快递公司在具体执行操作时，虽然大体过程相同，但是依然存在局部业务操作的差异，这与企业的制度、员工素质、工作环境等多种因素有关。

总包拆解主要有人工拆解和机械拆解两种方式，以及异常情况及特殊情况处理。

（一）人工拆解总包

人工拆解总包是指不利用机械工具进行总包拆解的人工作业方式。人工拆解总包的操作步骤如下。

1. 检查总包

主要检查总包的快件规格是否相符，路向是否正确，清点总包数量，并验视外包装是否完好，封志是否符合规格、是否有水湿油污现象。对于出现的异常总包不能拆解，应交业务主管处理。

2. 扫描总包信息

用扫描枪扫描总包条码袋牌，使实物流与信息流保持一致，对于扫描失败的总包条码，应用手工输入，不能遗漏。

3. 拆解总包

扫描完总包信息后，就要对总包进行拆解，拆开时要求不能损伤内部快件，要保证包牌不脱落，注意禁止用力拽扯封志扎绳。

4. 清理快件

拆解完总包，要对总包里的快件逐一进行清点，包内不能有遗留件，对于易碎快件要轻拿轻放，保证快件的安全。

5. 扫描快件信息

对照封发清单，检查相关填写情况，并整理存放好，逐件检视，对快件内件进行扫描。

6. 清理现场

将扫描无误的合格快件放入分拣区，对于过大、过重、易碎的快件应单独处理，并对现场进行清理，检查现场是否有遗留物。

(二) 机械拆解总包

机械拆解总包是指用简易提升机（电动葫芦）或推式悬挂机把总包悬挂起来，然后进行人机结合拆解总包的半自动作业方式。

1. 机械拆解总包的步骤

机械拆解是一种半自动作业方式，作业步骤及要点包括如下。

（1）检查总包。

主要检查总包的快件规格是否相符，路向是否正确，清点总包数量，并验视外包装是否完好，封志是否符合规格、是否有水湿油污现象。对于出现的异常总包不能拆解，应交业务主管处理。将适合用机械拆解的总包依次放入开拆轨道，等待拆解。

（2）扫描总包信息。

用扫描枪扫描总包条码袋牌，使实物流与信息流保持一致，对于扫描失败的总包条码，应用手工输入，不能遗漏。

（3）拆封志。

拆塑料封志时，拴包牌一面剪口剪在扣齿处，保持包牌不脱落；拆绳封的总包时，应剪断一股绳，不可操作其他部分，保持包牌不脱落。

（4）拆包清理快件。

核对拆出的封发清单登记内容；拆解易碎品总包时，调整高度使总包袋口接近工作台，轻拿轻放地取出快件，检查快件有无受潮、渗漏、破损等情况；拆解内有保价快件、优先快件总包时，应检查快件包装，将运单所填写的内装物品名称与清单核对，单独封发处理；将不能机械分拣的快件转交其他工作人员进行手工处理。

（5）扫描快件信息。

检查封发清单填写情况，并整理存放好；逐件检视、扫描快件条码，与接收的信息进行核对。

（6）清理快件。

每个总包拆解完毕后，将快件贴有运单的一面向上，整齐放至传输机传输分拣；检查总包袋内有无遗留快件、清单，将总包空袋移出作业台；拆解结束时，注意拆妥系统统计的拆解件数，并与系统信息进行核对。

（7）清理现场。

拆解工作结束时，关闭设备电源，退出拆解系统；检查作业场地、操作台周围有无遗漏快件，并清扫作业场地。

（8）整理用品用具。

将拆下的包牌、封志、封绳、封装杂物等放在各自的专用箱内；清理总包空袋上粘贴的快件总包条码签，并存放在指定的区域待用；按型号、材质整齐地叠好总包空袋，以便循环使用，并将破损、油污的总包空袋放在指定的位置；上交扫描用具、专用钳等用品用具，以便集中保管、保养。

2. 机械拆解总包的安全要求

在对总包进行机械拆解时，要求快件处理人员特别注意机械设备使用安全，具体要求如下。

（1）操作人员应按要求着装。长发女工须盘发，头发不允许露出工作帽，以防被卷入机器。

（2）熟悉设备性能，开启设备后，通过听、闻、看，检查设备是否正常，如有异样，应立即停止运转并通知故障检修。

（3）为保障操作人员安全，如果拆解时机械出现故障，要通知专业人员维修，严禁私拆设备。

（4）禁止将超过规定规格的总包用机械拆卸，以免损坏机械。

（5）严禁无故使用急停开关或中断设备电源。

（6）设备运转中严禁操作人员身体任何部位接触设备。

（7）操作台要保持清洁，严禁将任何与作业无关的物品放在操作台上。

（8）作业结束后，要及时清理场地，保持场地清洁，同时检查设备是否已经关好。

（三）总包拆解特殊情况处理

经过总包拆解产生的散件，由于收件人的要求或其他的一些特殊原因，需要对部分快件进行特殊的收取处理作业，以满足服务要求。这些特殊快件主要有优先快件、保价快件以及自取、暂存、更址和撤回快件等。

1. 优先快件、保价快件的处理流程及注意事项

优先快件是一种优先处理，优先寄送，具有明确的时限要求，限时到达的快件。它以快件发运速度为分类标准，用最快的邮路优先发运，并在快件无法投递时，能快速退回至寄件人。

保价快件是用户按照规定办理保价手续并交纳保价费的给据快件。保价快件是快递公司为了保护用户的利益不受损失而开办的一项业务。用户在交寄保价快件时报快件的价值，要求快递公司在寄递过程中如发生丢失、短少或损毁的情况时，按保价金额予以赔偿。快递公司则要区别用户受到的损失是全部还是一部，而按规定赔偿保价金额。

接收优先快件、保价快件的程序如下：

（1）保价信函、保价包裹一般较贵重，价值很高，因此在开拆时需要至少两人在场，两人开拆处理。

（2）清点快件数量，逐袋、逐套检查快件封装规格是否符合标准，逐袋、逐套核对与路单是否相符，防止丢失损毁、误收误拆，认真执行交接验收制度，做到快件准确无误后再进行平衡合拢。

（3）在接收快件袋、套后，应按规定赶发频次，分别急缓，顺序开拆处理，规定赶班发运的要求先开拆。开拆时应看清袋、套接收公司名称，防止误拆。

（4）开拆快件袋、套时，应当用红笔对快件与清单逐件勾挑核对，结总后按类别抄送交相关环节签收。核对快件应附的详情单是否随附，核对后，抄送相关环节签收，经手人应在所开拆快件的清单上加盖日戳或名章。

2. 接收优先快件、保价快件的过程应注意如下事项

（1）拆袋应剪断绳扣，不可损伤铅志，做到一袋一清，防止袋内遗留快件。

（2）开拆包裹袋要小心轻倒，对拴有红杯、红杯水袋牌的必须轻拿轻放。

（3）开拆信件套要保证套签完好和内件完好。

（4）在内件未经查核无误前，拆下的袋皮、铅志、袋牌和套皮不可合并混放，以免发生内件不符等情况时找不到原袋皮、铅志、绳扣、袋牌和套签等，如发现内件短少，验单时上述物件须附发给发寄公司，作为证据。

（四）总包拆解异常处理

总包拆解过程中，如果出现异常情况，应该按情况实行上报，并及时进行处理。通常出现的异常情况有如下几种：

（1）快件总包包牌所写快件数量与总包袋内快件数量不一致时，保存好总包袋身和包牌，如实记录数量，及时向业务主管反映问题；

（2）封发清单更改划销处未签名、未盖章，快件数量与清单不符时，保存好清单，如实进行记录，并及时向业务主管反映问题；

（3）改退快件的批条或批注签有脱落、改退签批注错误时，当即剔除处理，并按公司规定追究业务经办人的责任；

（4）拆出的快件有受潮、油污、破损、断裂、拆动的情况时，按公司要求进行阴干、清洁和隔离处理，追究相应的封装、运送人员责任；

（5）有内件受损并有渗漏、发臭、腐烂变质现象发生的快件时，当即进行隔离，并由问题件处理人员与发件人沟通联系；

（6）快件运单地址残缺时，当即剔除出来，并由问题件处理人员与发件人联系确认；

（7）拆出的快件属误发时，当即剔除出来，并及时将误发快件退回封发处进行处理。

任务五　快件分拣业务

快件的分拣是快件处理过程中的重要环节。分拣的正确与否决定了快件能否按预计的时间、合理的路线及有效的运输方式送达到客户手中。

一、分拣业务工作要求

快件分拣主要是指分拣人员按照快件封面所贴详细地址，将相关快件按类进行归置的过程。要做到分拣速度快、准确率高，根据分拣方式不同，对分拣业务有如下几个方面要求。

（一）分拣人员素质要求

1. 掌握快件运单的知识

应掌握运单的填写规范、运单的粘贴方法和要求，以便快速识别问题件，避免误分。

2. 掌握快件包装知识

应掌握包装材料的选择方法和包装方法，以便对快件包装进行检查或对破损件重新包装。

3. 掌握行政区的简称、代码和电话区号等知识

应掌握各省、自治区、直辖市、特别行政区的汉字简称、省会及其邮政编码和电话区号，以便正确分拣。

4. 掌握国内主要城市航空代码

应掌握国内主要城市的航空代码,以便准确高效地分拣快件,避免投递错误、延时误事情况的发生。

5. 掌握部分国家英文简称

掌握部分国家的英文简称,提高分拣准确率。

(二) 半自动分拣安全操作要求

1. 设备操作安全要求

(1) 设备运行前,清除带式传输或辊式设备周围影响设备运行的障碍物,然后试机运行;

(2) 上机分拣的快件,其重量和体积均不得超出设备的载重和额定标准;

(3) 非正常形状或包装不符合上机要求的快件要进行人工分拣;

(4) 传输带传送快件的速度要与拣取的速度相适宜;

(5) 传输过程如果发生卡塞、卡阻,要立即停止设备;

(6) 分拣传输设备使用中如果发生故障,要立即停止使用。

2. 分拣人员人身安全要求

(1) 严禁跨越、践踏运行中的分拣、传输设备;

(2) 不能随意触摸带电设备和任何电源装置;

(3) 身体任何部位都不能接触运行中的设备;

(4) 拣取较大快件时,注意不要刮碰周围人员或物件;

(5) 拣取较重快件时,要注意保护腰部、腿脚等部位;

(6) 不得使用挂式工牌,女工要留短发或者戴工作帽。

二、快件分拣方式

为了缩短内部处理时限、提高作业效率及便于组织管理,国内快件根据不同的处理场地、设备条件等,可分别采用手工分拣和机械分拣两种分拣方式进行分拣。

(一) 手工分拣

手工分拣一般是在所需分拣快件量较少,不需上机分拣的情况下或在没有配备分拣机的分拣中心采用,该方式可以完成快件的初分和细分。

1. 快件的初分

快件的初分指因受赶发时限、运递方式、劳动组织、快件流向等因素的制约,在快件分拣时不是将快件一次性直接分拣到位,而是按照需要先对快件进行宽范围的分拣。

2. 快件的细分

快件的细分,是指对已经初分的快件按寄达地或派送路段进行再次分拣。

(二) 机械分拣

机械分拣可分为半自动机械分拣和全自动机械分拣。

1. 半自动机械分拣

半自动机械分拣是人机结合的一种分拣方式,一般是通过传输装置将待分拣快件传输到接件点,再由操作人员将分拣到位的快件取下。这种方式能连续不断地作业,可减轻操作人员劳动强度,提高分拣效率。

2. 全自动分拣机分拣

全自动分拣机分拣是指由分拣机根据对分拣信号的判别来完成快件分拣的一种方式,能实现连续、大量的分拣,可以做到信息采集准确,分拣误差较小,基本实现无人化,大幅提高了劳动效率。

三、日常快件分拣业务流程

(一) 手工分拣步骤

手工分拣快件时,不得有抛掷、摔打、拖拽等有损快件的行为。对于优先快件、到付件、代收货款件等要单独分拣。手工分拣步骤及操作要点如下。

1. 快件分类

先将待分快件按"信件类"和"包裹类"两大类别进行初步分类。

2. 快件识别

通过运单的邮编、地址、路段、电话区号、车次、航班等进行快件识别。

(1) 用唛头笔标注目的地时,需要仔细核对收件人的地址。

(2) 信件类一次收件数量在 20 件左右,包裹类需单件处理。

3. 快件投格

投格时,分拣人员要站在离格口 60~70cm 处。

(1) 投信件类快件时,一手托件,另一手拇指捻件,用中指轻弹入格。

(2) 投包裹类快件时,要注意保护运单的完整性,按"大不压小、重不压轻、木不压纸、金属不压木头"的原则进行。

(3) 易碎类快件要轻拿轻放,投格时要距放置点 10cm 以下时方能脱手。

(4) 在投格过程中,要保持运单面朝上并且方向一致。

4. 快件整理

(1) 对于信件类快件,要及时将分拣格口内的信件捆扎封发;对于分拣出来的非本区域分拣的快件,应及时与其他区域的分拣人员互相交换。

(2) 对于包裹类快件,要将已分拣包裹进行堆码,格口、堆位要保持一定的间距,避免串格和误分。

(3) 对于急件,要集中押运至指定的区域,便于封发。

(二) 半自动机械分拣

(1) 快件在指定位置上机传输,运单面朝上,快件宽度要小于传送带的宽度;

(2) 快件传到分拣工位时,要及时取下快件,没有来得及取下的由专人接取,再次上机分拣或手工分拣;

(3) 看清运单寄达的目的地、电话区号、邮编后,准确拣取快件;

(4) 取件时,较轻的快件用手托住两侧取下,较重的要用双手托住底部或抓紧两侧传送带的方向取下,注意用力,当心闪腰。

(三) 分拣机自动分拣

(1) 分拣人员阅读编码带上的地址,并在编码键盘上按相应的地址键;

(2) 携带有地址代码的快件被编码带输送至缓冲储存带上等待;
(3) 计算机系统发出上件信号时,快件进入分拣机的传输带;
(4) 当传输的快件挡住探测器时,探测器发出到件信号;
(5) 计算机控制消磁充磁装置,对新到件钢带上的信息进行消磁;
(6) 计算机将新到件的地址信息以磁编码的形式记录在快件前沿的钢带上;
(7) 快件传输到分拣机格口,格口滑槽磁编码信息读取装置阅读信息;
(8) 计算机根据读取结果,控制导向挡板快速运动到钢带上方;
(9) 导向板与钢带运动方向呈 35°倾斜角,将快件导入滑槽,完成分拣作业。

四、问题件处理

(一) 禁、限寄物品处理

(1) 发现各类武器、弹药等物品,应立即通知公安部门处理,疏散人员,维护现场,同时通报国家安全机关。

(2) 发现各类放射性物品、生化制品、麻醉药物、传染性物品和烈性毒药,应立即通知防化及公安部门,按照应急预案处理,同时通报国家安全机关。

(3) 发现各类易燃易爆等危险物品,收寄环节发现的,不予收寄;经转环节发现的,应停止转发;投递环节发现的,不予投递。对危险品要隔离存放。对易发生危害的危险品,应通知公安部门,同时通报国家安全机关,采取措施进行销毁。需要消除污染的,应报请卫生防疫部门处理。其他危险品,可通知寄件人限期领回。对内件中其他非危险品,应当整理重封,随附证明发寄或通知收件人到投递环节领取。

(4) 发现各种危害国家安全和社会政治稳定以及淫秽的出版物、宣传品、印刷品,应及时通知公安、国家安全和新闻出版部门处理。

(5) 发现妨害公共卫生的物品和容易腐烂的物品,应视情况通知寄件人限期领回,无法通知寄件人领回的可就地销毁。

(6) 对包装不妥、可能危害人身安全、污染或损毁其他寄递物品和设备的,收寄环节发现后,应通知寄件人限期领回。经转或投递中发现的,应根据具体情况妥善处理。

(7) 发现禁止进出境的物品,应移交海关处理。

(8) 其他情况以外,发现其他禁、限寄物品应通知相关政府监管部门处理。

(二) 收件人地址有误的快件及其处理方法

1. 收件人地址有误的情况

(1) 运单脱落,无法知道收件人地址;
(2) 外包装有两个地址,无法判断适用哪个地址;
(3) 地址错误或邮编、电话区号等错误;
(4) 填写的街路不清或只写街路而无门牌号;
(5) 寄达地址用同音字代替或使用相似字;
(6) 运单目的地栏填写与收件人地址不符;

2. 收件人地址有误的处理方法

(1) 若运单脱落,可以联系收寄局,补充运单信息,重新制作运单后,正常分拣派送。

（2）在有两个地址或地址、电话填写错误或者模糊不清等情况下，需要与发件人联系确定地址，请发件人发一份确认地址的传真，修改运单地址后，正常分拣派送。

若上述方法都无法联系到收件人，应在详情单上粘贴"改退批条"，批明无法投递原因，加盖经手人员和主管人员名章，仍用特快方式退回原寄局。快件退回原寄局后，由原寄局填发"领取快件通知单"，按规定在营业窗口投交寄件人，免收退回费。无法投递的快件退回原寄局后，如无法退给寄件人，保管期满一个月寄件人仍不领取的按无着快件处理。无着快件一律由指定的无着快件处理部门集中开拆处理，其他各局不得自行处理。

任务六　快件封装业务

快件封发作业，是将同一寄达地及其经转范围的快件经过分拣处理后集中在一起，按实际要求封成快件总包并交运的生产过程。总包内的散件传递给目的地分拣中心处理是不见面的"信誉交接"，同时总包还要经过多种运输方式才能运送到目的地分拣中心，因此，封发作业必须严格操作，所用的封装空袋、封志、包牌等用品应符合规定，并达到封发的规格标准，以便快件实现准确、安全、完整、及时的传递。

一、总包封装工作要求

总包封装是将打印清单与快件一同装入特定容器内，并进行专业封扎、拴挂包牌的过程。不同的总包封装容器，有相应的封装要求。

（一）总包袋封装要求

（1）根据快件数量和体积选择大小合适的总包袋；

（2）将填制好的包牌贴在空袋子中上部；

（3）将贴好包牌的总包袋正确钩挂在撑袋架上；

（4）将信件类快件和包裹类快件分开封装；

（5）将保价快件、代收货款快件、到付快件等进行分类封装；

（6）保持快件运单朝上，将快件按照"由重到轻、由大到小、下方上圆"的原则依次装袋；

（7）易碎快件和液体快件应单独封装或放在袋子最上层；

（8）快件装好后放入该总包的封发清单，封发清单要求用专用封套包装；

（9）装袋不宜超过袋子容积的2/3，重量不宜超过32kg；

（10）将总包袋卸下并扎紧实，切勿出现"鹅颈袋"的松扎口。

（二）轮式笼和集装箱封装要求

（1）检查轮式笼或集装箱是否有损坏、变形等情况；

（2）将填制好的包牌贴在笼子或箱子正面的上部指定区域；

（3）保持运单向上，将快件按"重不压轻、大不压小、小件填装空隙"的原则装笼或装入集装箱中；

（4）充分利用笼子或箱子中的隔板，保护易碎快件或液体快件；

（5）如文件类快件和包裹类快件混装，应集中码放或利用隔板间隔文件类快件；
（6）保价快件、代收货款快件、到付快件应集中码放或利用隔板进行间隔；
（7）快件装好后放入该总包的封发清单，封发清单要求用专用封套包装；
（8）检查笼子或箱子的快件是否码装整齐、坚实；
（9）正确关闭笼子或箱门，切勿草草合上；
（10）使用专用特制的绳子或塑料封带封扎笼子或箱门。

二、日常快件封装作业流程

快件登单封装是指将分拣处理好的快件，按照一定要求逐个整理、登单、捆扎、封装成袋、制作快件路单的过程。登单封装是贯通上下环节的中间环节，是全程质量好坏的关键，决定着每一件快件是否都能按最合理的路线和方式传递出去。快件登单封装作业的基本流程如下。

（一）登录封发清单

封发时，需要登记快件封发清单，这个操作称为登单。封发清单是快件传递处理的记录，各环节根据记录的内容接收和处理快件，目前多数快件登单操作采用扫描录入条形码信息的方式。

根据分拣方式不同，登录封发清单有两种类型。

1. 手工分拣方式

逐口、逐袋登录封发清单，将待封发快件人工键入或扫描寄达地名信息后登列封发清单。在实现计算机自动登单情况下，用条形码扫描器扫描待封发邮件条形码，由机器自动登单。

2. 机器分拣方式

清格装袋时，逐格口扫描出件条形码，复核下袋；由于机器分拣时已记录了快件收寄地、快件种类、快件号码和寄达地等快件信息，在设备性能及快件规格标准能保证的情况下，可直接按键打印出封发清单。

遇有条形码丢失及损坏的快件，应用便携式录入器上的数字键，键入快件收寄局名、流水号、寄达局名和快件种类。

登单完毕应将清单与快件勾挑核对，防止错登、漏登、重登或结数错误。每一清单正页应同所登快件捆在一起。快件摆放次序必须与抄登顺序一致。

（二）包裹入袋

文件类快件封发时，核对快件数与封发清单上的件数是否相符，将封发清单装入清单套随快件放入邮袋或信盒后即可封发。包裹类快件的分拣、封发实现机械化作业的，直接由分拣机放入邮袋，包裹详情单也随包裹同步封入邮袋，计数器记录入袋包裹件数，封发时核对计数器记录的包裹件数与包裹封清单上的件数是否相符，将包裹详情单和封发清单装入清单套放入邮袋或集装箱后即可封发。封发快件时要做到三核对，即快件、清单和袋牌的核对，且三者完全相符。

根据快件数量选择大小合适的邮袋，不得使用水湿、油污、有 2cm 以上非机器缝补破洞、裂口的邮袋，也不得翻用邮袋。装袋时要实行快件、清单和袋牌三核对。

（三）扎捆包袋

将封好的快件总包称重并打印条形码袋牌。封扎邮袋时，为防止拴错袋牌，扎袋前再一次查看袋牌上的地名与寄达地是否相符。要使用没有接头的棉质蜡绳猪蹄扣捆扎法扎紧，捆绳应接近快件，使内件不易松动。

邮袋扎紧后，要在袋绳扣上垂直拴挂相应快件袋牌。袋牌拴上后要穿上铅志，再将绳头交叉打结，将扎绳收紧后横执夹钳，使之与扎绳成垂直形，将钢模上的字全部清晰地轧印在铅志上。轧好后，在距离铅志约1cm处将多余的绳头剪去，并检查印志是否清晰。

包牌也叫包签，指拴挂或粘贴在快件总包袋指定位置上的信息标志，用于区别快件所属企业、运输方式及发运路向等。使用时，应根据快件的寄达地准确选择国内快件包牌和国际快件包牌。包牌在邮政系统中常称为袋牌。正确辨认和使用包牌，能够减少差错、加快快件传递速度。

袋牌上与打印该袋清单同时打印条形码信息、清单号码和件数、铅封后归堆、交发。

（四）缮制路单

在非信息自动处理情况下，按照所封快件接收地名，根据快件封发和发运计划缮制交运路单。路单缮制一式三份，两份交出，一份存档。实现计算机信息自动处理的快递企业，只将封发信息发给信息处理中心数据库，再传至总出口或转运部门，不再缮制路单。

（五）数据的统计与归档

根据封发业务数据进行个人、班级工作量等统计。按档案管理要求整理封发清单、路单，集中送交档案室，或通过信息系统传送相关封发数据，将各类生产数据按照生产管理部门的要求进行统计处理，并生成生产统计报表。

三、封装作业后质量检查

总包由多个快件汇集而成，而总包质量检查是控制总包内所封发的快件的质量和安全所采用的重要手段，通过质量检查对封发总包产生的差错进行纠正，来保证总包封装的快件准确、安全地传递。

登单封发作业后的质量检查主要分为以下几个方面。

（1）检查总包封发规格及条形码质量，检查现场有无遗漏封发邮件。

各分拣单位的质量检查人员应在封发总包前，抽检机器和手工分拣入格或下袋的散件快件分拣质量。总包封发后，抽查封发质量和交发路向等，每日填写质量检查记录。

（2）对散件及封发的总包进行质量检查，检查的项目和检查的方法包括以下几个方面。

①对于散件，检查手工或机器分拣有无错误。

②对于总包，检查包牌、封志、绳扣、袋身等是否符合规格；封妥的包牌同路单上的登记是否相符，车次、路向是否正确；有无漏封的格口，现场有无遗留邮件。

③对每个分拣台席的检查次数、数量基本均衡，对重点人、重点项目可增加检查次数和数量。

④检查出的差错，质检员要当即给予指正，并如实记录，在质检员签字的同时，差错责任人也要签字，并记录检查结果。

⑤对各岗位生产人员执行规章制度的情况进行检查。

任务七　快件装车发运业务

　　装车发运，是指发运人员根据发运计划及时准确地将总包装载到指定的运输工具上，并与运输人员交接发运的过程。

　　发运计划，是指总包的运输作业计划，包括总包的发运时间、路由、车次/航班、运量、停靠交接站点以及到开时间等方面内容。发运计划是各分拣中心发运总包的重要依据。

　　路由，是指根据总包不同起止点，按照快件时限要求选择符合实际需要的运输途径。

一、快件装车发运工作要求

（1）快件装载陆运车辆应由两人或两人以上协同作业。

（2）装载时，应文明作业，杜绝抛掷、拖拽、摔打、踩踏、踢扔及其他任何有可能损坏快件的行为。

（3）要按"重不压轻，大不压小，结实打底，方下圆上，规则形居底，不规则形摆上"的原则装载快件。总包袋口一律向外，做到有序、整齐、稳固。

（4）一票多单的快件要集中装码，避免与其他快件混放。

（5）装载易碎物品，注意轻拿轻放，放置底部距下落小于30cm脱手；装载禁止倒置、翻滚、日晒的快件或对堆码有重量、层数极限标志要求的快件，应按操作标准作业。

（6）装载粗糙包装的快件应戴专用防护手套。

（7）装载体积偏大或偏重的总包和快件，应佩戴专用防护腰带，穿好防护鞋，并需双人协同作业或使用机械设备。如果使用机械设备装载，禁止野蛮粗暴操作及其他任何有可能损坏快件的操作。

（8）发生有渗漏、破损总包和快件不得装载，交专人处理。

（9）装载时要保证车辆载重的均衡。在非满载情况下，应注意均匀分配车辆的前后两端和左右两侧的堆码的高度和重量，防止有倒落和偏重的现象发生。

（10）码放的快件之间不可留有缝隙，每层之间要交错码放，保证车辆转弯或刹车时不散堆。

（11）装载有两个以上卸交站点的车辆，要按"先出后进"或"先远后近"的顺序装载并使用隔离网，即需要先卸下的快件后装载，后卸的快件先装载；路途远的快件先装载，路途近的后装载。

（12）遇到雨雪天气注意防水，在分拣中心各场地之间倒换快件时用苫布盖好总包快件，装车时要防止总包快件被雨淋湿。

（13）装载结束，检查作业场地周围有无遗留总包和快件。

（14）车辆开行后，通过操作系统发送快件信息。

二、日常快件装车发运流程

（一）提取总包快件

提取总包快件指的是快件处理中心总出口人员到各分拣封发作业区提取各类出口总包快件。在规定的时限内，由总出口人员到处理中心的相应作业区根据快件种类、计划、发运路向和发运车次的要求分别提取各类出口总包快件。提取总包快件时一般需有交接手续，如果作业现场封闭条件较好，监控设施较完善的情况下，也可实行无手续交接。对不合格快件一律拒收。采用合适的传输方式将总包快件运到处理中心总出口作业区。

快件处理中心总出口人员对于提取来的总包快件按发运计划进行配发处理并制路单。

（二）总包交运

1. 交发直达干线汽车邮路总包

对于交发直达干线汽车邮路总包实行"包装"，即包装规格质量、数量、路向。

装发快件前对待发快件逐袋勾核，确保数目和路线准确无误。装车时应查验运件车辆车厢厢体是否完好，并按照快件发运计划规定顺序进行装发快件，做到本、转分开，堆位隔离清楚。装车完毕后会同驾押人员对车厢施封。驾押人员核对交发快件总路单与快件路单一致，齐备后签收。

2. 交发邮区内汽车邮路总包

对将发邮区内汽车邮路的总包快件，除数量外，"包装"内容按直达干线汽车邮路规定执行。发运局在装发邮区内汽车邮路快件时，要将快件按卸交局先远后近的顺序装车，并做到隔离清楚，装车时同承运局驾押人员进行快件点数交接。驾押人员核对快件数目、交发路单页数与总路单相符后，在其发运局留存总路单上签收。

3. 交发盘驳和市趟邮路总包

盘驳和市趟邮路总包快件实行点数交接，不再重复勾核。总出口处理人员将交接单交给盘驳或市趟邮路驾押人员，接方点数接收。

三、装运车辆施封

车辆的施封是为了保证运输车辆安全快速地把快件运达目的地而建立的一种控制手段。

（一）建立车辆封志的操作步骤

（1）车辆的押运人员或驾驶员在总包装载结束后将车门关闭。

（2）场地负责人将车辆封志加封在车门指定位置，车辆押运人员或驾驶员监督车辆施封过程。

（3）将塑料条形码封条尾部插入车辆锁孔中，再穿入条形码封条顶部的扣眼中，用力收紧，并确保施封完好。

（4）在出站快件的交接单上登记施封的条形码号。

（5）车辆押运人员或驾驶员与场地负责人在交接单上签字确认。

（二）建立车辆封志的注意事项

（1）施封前，要检查车辆封志是否符合标注，GPS定位系统是否正常；

(2) 施封时，场地人员与司押人员是否同时在场；
(3) 施封后的封志是否牢固，要确保不能被抽出或捋下；
(4) 在施封过程中要确保条形码完好无损；
(5) 封志的条形码号与出站快件交接单登记的号码应一致。施封完毕，应仔细核查。

任务八　快件派送业务

快件派送业务，是指快递服务的组织将快件递送到收件人或指定地点并获得签收的过程。

一、派送业务工作要求

快件派送工作是快递服务的最后一个环节，派送工作的好坏，直接影响着快递服务质量的高低。因此，对于快件派送涉及的各个步骤，相关岗位人员需要密切配合，特别是在快件交接时需要注意对快件的检查验收，以保证快件安全准确地派送给收件人。

（一）派送前准备工作

派前准备工作主要包括个人仪容仪表准备、用品用具准备、交通工具准备。

1. 个人仪容仪表准备

收派员在离开收寄处理点之前，要检查自己的仪表是否得体，要达到以下要求：
(1) 身着公司统一制服，服装要熨烫整齐，摆好衣领；
(2) 工牌佩戴于胸前，不得佩戴装饰性很强的装饰物、标记和吉祥物；
(3) 衣服袖口须扣上，上衣下摆须束在裤内；
(4) 手腕除了手表外不得戴有其他装饰物；
(5) 系黑色皮带，鞋带系好，保持鞋面干净，穿深色袜子；
(6) 整理好自己的仪容，包括头发、耳朵、鼻子、嘴巴、胡子、脸部、手部、眼镜等；
(7) 调整好心态和情绪，争取以饱满的精神状态和积极热忱的面貌出现在客户面前。

2. 交通工具的准备

快递领域常见的派件交通工具有自行车、电动车、摩托车、汽车，出行前应做好交通工具的检查，确保交通工具的工作状态良好，是实现人身安全、快件安全以及高效收派必不可少的一项前期工作。
(1) 自行车主要检查刹车、辐条、脚踏、车把、气门、刹车及变速手把，还需对车身及各部件进行清洁。
(2) 电动车主要检查轮胎气压、车把、电池，以及配套工具及附件是否齐全。
(3) 摩托车主要检查发动机、油箱、灯光、油门、制动、离合器等部件是否正常，检查驾驶证、车辆牌照、行驶证等相关证照及随车工具和备件是否带齐。
(4) 汽车主要进行安全检查、车辆外观、内部检查、检查驾驶证、车辆牌照、行驶证等相关证照及随车工具和备件是否带齐。

3. 用品用具准备

快件派送用品用具包括快件搬运工具、派件辅助工具和移动扫描工具，收派员应备齐

这三类物品并做好相关检查工作:

(1) 快件搬运工具,主要检查手推车扶手是否完好,承重板面有无破裂变形,脚轮是否灵活;

(2) 派件辅助工具,要检查个人证件是否齐全,包括工作证、身份证、驾驶证、行驶证,检查派件工作用具是否完备,包括挎包、便携式电子秤、绑带、雨布雨具、笔纸、小刀等;

(3) 移动扫描工具,主要检查扫描枪的电量是否充足、是否可读取信息、是否能连接操作系统。

(二) 收件工作岗位要求

(1) 服从公司调遣,协助其他岗位;
(2) 在所负责的路区内,从事客户开发与维护;
(3) 及时收回应收业务款,在规定时间内如数上缴;
(4) 按公司价格规定正确报价,及时收回到付运费;
(5) 满足客户的合理要求,同时坚决维护公司利益;
(6) 努力完成业务培训及考核,不断实现自我增值;
(7) 遵守客户单位的规章制度,不得随意动用客户的物品;
(8) 确保快件安全,准时送达到客户手中,办好签收手续;
(9) 始终保持手机电量充足,确保与公司保持良好联络状态;
(10) 遇到特殊情况或突发事件,及时准确地向上级汇报并解决。

二、日常派送业务流程

派送作业流程作为快件整体运作流程中重要的环节之一,要求收派员一定要严格按照收件标准操作流程执行快件操作,保证快件运作的顺利完成。

(一) 装车准备

(1) 货物出库后,小件放在随身携带的挎包里,体积较大的放在车上;
(2) 货物要捆绑结实,注意保护易碎品快件;
(3) 摩托车派送时,不可携带过长、过大、过多、过重的快件;
(4) 自行车派送时,大件放在车尾架上,绑好绑牢,防止路上遗失。

(二) 出车须知

(1) 带齐所有必备证件,如驾驶证、身份证、工作证等;
(2) 行驶中不开快车、不逆行、禁闯红灯,遵守交通法规;
(3) 遇到塞车、故障等情况,要冷静处理,及时报告公司;
(4) 合理安排行驶路线,滞留件和特急件要优先派送;

(三) 到达派送地点

(1) 到达客户处,先向保安说明来意,征得同意后方可进入;
(2) 在保安指引下,停放车辆、上锁;
(3) 车辆及车上的快件,请保安代为看管;
(4) 不知收件人的房间,可向保安询问;

(四) 寻找收件人

(1) 进入客户所在区之前,先调整好气息,整理好工服、胸卡、头发。

(2) 取出运单,把快件托在手里。

(3) 如果是老客户,直接问好:"张先生,您好!有您的快件,请您签收。"

(4) 如果是新客户,向身边人员询问收件人在哪儿,然后走近收件人:"王先生,您好!我是××快递公司的,有您的快件,请您签收。"

(5) 如果收件人会很快回来,应在室外站立等候10分钟,若被允许在室内等候,须做到:不吸烟、不吐痰、不翻阅客户书籍或文件等。

(五) 客户验收

快件交于客户时,应提醒客户当面验收,如果客户有异议,分为如下情况处理:

(1) 如果快件外包装完好、封箱胶带异常、重量同运单上一致,应向客户解释:"我们是专业快递公司,运输全程都是内部网络对快件全程监控,请您同寄件人联系。"客户提出无理要求时,不应与其争执,要沉着冷静,及时向公司汇报,请示处理意见。

(2) 如果快件包装有破损,封箱胶带有异常,但重量同运单上一致,处理方法同上。

(3) 如果快件包装有破损,封箱胶带有异常,重量比运单上的重量少;先请收件人同寄件人联系,确认重量不符后,要诚心诚意道歉,协商解决方案或赔偿办法;客户提出无理要求时,不应与其争执,要沉着冷静,及时向公司汇报,请示处理意见。

(4) 如果快件物品被损坏,处理方法同上。

(六) 客户签字

(1) 客户验收无异议后,请客户在运单上签字;如果签字难以辨认,请客户重新写清楚;

(2) 为确保派送的准确性,必要时要有礼貌地请收件人出示身份证;

(3) 如果是他人代收代签,应提醒代收人,签写全名后,再写上"代"字;

(4) 如果代收人只想在签收栏内盖公章,须请代收人写上本人姓名。

(七) 代收代签

(1) 如果收件人不能很快回来,可向他所在地的其他联系人询问,是否有人愿意代收;

(2) 如果有人代收,应提醒代收人,注意快件的重量、价格、包装等状态,然后请其签全名;

(3) 回到作业中心后,与收件人取得联系,告之快件已送达,由××代收;

(4) 如果无人代签代收,要填写"派送通知单",放在收货地显眼的地方,请求他人转告和转交,不得在无人知情的情况下,随意将快件放在客户处。

(八) 到付收款

(1) 收取现金时,应双手接钱,仔细清点后,要说谢谢;

(2) 如果客户称,财务人员不在而无法付款,应征求客户意见,能否先由个人垫付;

(3) 如果无人付款,应向客户解释:只能将快件暂时带回,何时付款另行安排派送;

(4) 如果客户拒付,应询问其理由,并说明:可征求寄方客户意见,将到付改为寄件，即由发件人付款，但要加收 20 元手续费，发件人付款后，另行安排派送；

（5）如果客户索要发票，应向客户解释：根据财务规定，只能先开收据为凭，回到公司后才能开发票，送发票要另约时间；

（6）如果是月结客户，要在运单的月结栏内打钩，并填写月结账号。

（九）新客户开发

（1）如果收件人是新客户，收派员有责任做好开发工作；

（2）向客户介绍快件操作知识、服务范围和价格；

（3）发放价格表和公司服务卡，建立客户档案，再做登门拜访；

（十）告辞返回

（1）派送完毕后，不准在客户处逗留，不准使用客户电话，不准接受客户馈赠；

（2）离开时应向客户致告别辞，同时向所在场其他人点头示意；

（3）离开时如果门是关上的，走到室外后应把门关好；

（4）到保安处取车时，应道谢并检查车上的快件。

（十一）交款交单

（1）回到公司后，将收取的所有款项，及时如数地上缴财务部；

（2）派送未成功的快件，须在派送清单上注明滞留件的原因；

（3）发现运单的留存联丢失的，须在派送清单上注明情况和原因；

（4）将派送清单和滞留件交给仓管员，滞留件的数量应等于派送清单上的数量。

（十二）其他情况

（1）如果客户拒付、拒收或无人签收，收派员不得自作主张，更不得随意丢弃快件，必须带回公司交给仓管员，统一交客服部处理，并对问题件进行及时跟踪；

（2）如果客户拒付，又不让把快件带回；或者客户同意付款，但要长时间等候；此时需耐心解释，要不卑不亢、不温不火，不可与客户发生争执；如果客户有侵权行为，应及时与公司取得联系。

三、派送业务特殊情况处理

收派员应掌握派件常见问题的处理方法，以便灵活应对，具体特殊情况如下。

（一）到付款和代收款的收取

1. 到付款的内容

到付是指寄件人与收件人达成共识，由收件人支付快递费用的付款方式。到付款即指收件人在快件到时所支付的快递费用。

到付款的结算有到付现结、到付记账、到付转第三方付款三种方式。

2. 代收款的内容

代收款是指快递企业与寄件人签订合作协议，寄件人通过快递企业发件时由快递企业代寄件人向收件人收取的相关款项，通常包括货款、税款、海关签贴费、商检费等。

3. 到付款和代收款收取的业务规范

（1）确认派送快件为到付款还是代收款快件。

（2）在客户签收前，仔细核对快件货款金额是否相符；如发现问题，应及时通知客服人员与寄件方联系确认，同时礼貌向客户作出相关解释，如确认无误后应致歉，如无法及时确认，应征得客户同意，表示在确认后第一时间送到，特殊情况可请收件客户直接联系寄件方协助处理。

（3）收款时需当面点清金额，辨别真假。

（4）将收到的付款及货款及时上缴公司财务。

（二）快件派送异常问题解决

1. 快件正常，无法联系到客户

解决办法：应该通知公司或网点客服人员联系寄件方确认收件人或收件人的联系方式，安排再次派送。

2. 快件正常，客户拒付或无钱

解决办法：应该通知公司或网点客服人员联系寄件方确认，或等通知安排再次派送。

3. 快件损耗，客户拒收、拒付

解决办法：应该将快件退回公司或网点，等候协商处理。

4. 快件遗失

解决办法：应该第一时间将遗失信息反馈回公司客服部，情节严重的请求报警立案。

5. 客户索要收据或发票

解决办法：如不能当时开给客户，应立即向客户道歉并承诺另行开出与送达，请求客户谅解。

6. 客户需要验货、点数

解决办法：可尽量征得客户同意，验货及点数不能超出派件员的时限，以保证货物的安全。

7. 运单填写内容有缺失，大小写金额不符或无货款金额

解决办法：应该第一时间通知公司或网点客服人员联系寄件方进行确认。

8. 客户拒收

解决办法：应该将快件退回公司或网点，等候处理。

9. 客户无理取闹或抢件

解决办法：应该第一时间通知公司负责人并及时报警，等待处理，千万不能与客户发生争执和冲突。

10. 客户催件

解决办法：

（1）若客户的快件正在送上门的途中，应礼貌地请客户耐心等待，并告诉客户快件会在多长时间内送到。

（2）若客户的快件并非正在送上门的途中，应与网点派送作业主管取得联系，请示该快件的派送工作。

（3）安排客户快件派送时，应定位派件员所在位置，综合考虑到达目的地点所需的最短时间和最长时间，并考虑本地区的交通情况，命其安排派送。

任务九　快件查询、咨询与投诉业务

客户维护是快递企业通过持续满足客户的需求，及时妥善解决双方合作过程中出现的各类问题，从而与客户建立长期稳定的合作关系。快递企业要想发展与壮大，就需要不断发展新客户，不断培养与已有客户的关系，做好客户维护工作。

一、客户查询、咨询与投诉业务工作要求

客户服务部肩负着"公司窗口"的神圣使命。快件公司的客服工作，一般由两大部分组成：前台服务（接单输单）和查询服务（处理问题）。处理查询、咨询和投诉理赔工作是客服工作的重要组成部分，与公司网络和作业部门有着密切的合作关系，是快递售前、售后服务的检视窗口，肩负着发现和处理各种问题的重任。

（一）客服人员接听电话工作要求

客服人员大部分通过接听电话接受并处理相关问题，对于客服人员在接听电话时有如下工作要求。

1. 迅速准确地接听

听到电话铃响，客服人员应准确迅速拿起听筒，最好在铃响三声之内接听，不要让铃响超过五声。让对方久等是很不礼貌的，如果电话铃声响了五声才拿起话筒，应该先向对方道歉。

听到电话铃声后，如果电话附近没有其他人，即使电话离自己很远，也应该用最快的速度拿起听筒。

2. 心情愉快地接听电话

拿起电话后，客服人员首先要以亲切的口吻自报家门，例如，"您好，这里是××快递公司"。询问对方时，应在适当的时候，根据对方的反应委婉询问，一定不要用生硬的口气说"他不在"、"打错了"、"没这人"、"不知道"等语言。电话用语应文明、礼貌，态度应热情、谦和、诚恳，语调应平和，音量要适中。

3. 了解来电的目的

上班时间打来的电话几乎都与工作有关，公司的每个电话都十分重要，客服人员千万不可敷衍，如果对方要找的人不在，切忌只说"不在"就把电话挂了。

接电话时，要尽可能提供需要的快递服务，避免误事。首先应了解对方的来电目的，如自己无法处理，应该认真记录下来，然后寻求相关人员处理，这样既能解决问题又能赢得对方的好感。

4. 认真清楚地记录

客服人员接电话时，要将重要电话的内容认真记录下来，因为这些内容在工作中都是十分重要的。电话记录应简洁完整，最好具备六项内容：何时、何人、何地、何事、为什么、如何进行。

5. 挂电话前应有礼貌

电话交谈结束后，客服人员应客气地向对方道别，说一声"再见"后再挂电话，不

可自己讲完就马上挂断电话。通话完毕后，应等对方放下话筒后，再轻轻地放下电话，以示尊重。

（二）客服人员接听电话工作程序

（1）随时准备笔和记录本，认真倾听对方讲话，有条理记录接听内容，并通过复述内容让对方确认。

（2）接听电话要吐字清晰、口吻亲切，并使用统一服务用语："您好，××公司××工号为您服务。"

（3）接线人员接到来电时，需问明来电者要求并准确转接。

（4）来电者如未指定接听人而直接提出来电目的时，接线员可直接处理的应主动处理，无法处理的应告知其如何续办，再有疑问的应转主管接听。

（5）解答客户疑问直至客户满意，最后道谢，让客户先收线。

二、客户查询及快件跟踪业务

客户查询是指已下单客户向快递公司了解快件的派送情况，客服人员给予查询答复的过程。查询服务是客服人员发现和解决各种问题的过程，涉及其他业务操作部门和服务网络等操作速度、操作流程等，所以有时也被誉为售后服务的监视窗口。

（一）客户查询业务工作流程

（1）客户来电；

（2）接听问候；

（3）询问客户姓名及查询单号；

（4）确认客户及查询单号；

（5）客户服务信息系统自动弹屏；

（6）查询客户快件动态记录；

（7）答复客户疑问；

客服人员应礼貌、及时、准确给予客户答复，并做好相应的工作记录；若系统未有相关查询信息，客服人员不应凭主观经验答复，应在挂机后致电相关部门或所辖收派员进行了解，再答复客户。

（8）询问是否需要其他帮助；

（9）结束用语；

（10）礼貌挂机。

查询服务要尽可能给客户提供多种查询途径，不仅是电话查询，还要设立网络查询、手机短信查询、各营业点协助查询等。

（二）快件跟踪业务工作流程

快件跟踪是指客服人员对内部运作部门或第三方外包服务商进行快件运作情况的了解、跟踪、协调、反馈的沟通过程。具体操作流程如下：

（1）接到异常件报告；

（2）客户服务员记录；

如快件处于正常派送时间内，客服人员应在适当的时间对各收派员或运作部门进行跟踪，但不宜频繁跟踪，以免干扰运作部门的正常工作。

（3）系统查询异常件信息；

（4）运作部门内部跟踪异常件运作情况；

如发现快件异常或无相关运作记录，客服人员应及时进行跟踪。

（5）反馈或答复异常运作信息；

（6）客服人员与客户协调意见；

如有异常状况，分析客户原因和公司操作原因，分别向客户和公司相关人员反馈，并通过协商形成最为合理的处理方案，再将此方案告之运作部门实施，直至跟踪处理完毕。

（7）实施改进或补救计划；

通过内部呼叫中心向运作部门进行查询，追踪快件目前处于哪个环节，判断这个环节是否在正常的作业时间内，确认快件有无异常情况及何时进入到下一个交接环节，并将信息及时录入到客服系统。

（8）结果反馈；

（9）情况备案。

三、客户咨询业务

客户咨询业务是指客户下单前对企业服务优势、收费情况等进行了解时，客服人员给予解答的沟通过程。它是客户接触快递企业和业务的第一道关。成功的咨询服务可以加深客户对公司和业务的充分了解，并促成客户下单业务；反之，糟糕的咨询服务可能会损失潜在的客户或业务合作机会。

（一）客户咨询业务流程

（1）客户来电；

（2）接听电话；

（3）问候用语；

（4）客户信息询问；

如果是老客户会自动弹出信息，如果是新客户，应该及时为客户建立客户资料档案。

（5）聆听并记录问题；

仔细聆听客户咨询内容，不可打断客户讲话或抢话。

（6）问题解答；

力求在3分钟内为客户解答业务咨询。

（7）询问是否需要其他帮助；

（8）结束用语；

（9）礼貌挂机。

（二）客户咨询管理要点

1. 提高客服人员的业务知识水平

要求客服人员十分熟悉公司状况、业务范围、服务优势等情况，避免答错或不知如何回答，以减少客户等待的时间。

2. 提高客服人员的服务技巧

遇到不能解答客户的问题或过于复杂的问题时，客服人员可以先委婉告知客户，待请示主管或查阅公司服务手册等资料后，再次致电客户，予以回答。

3. 加强咨询服务规范管理

客户索要相关资料或信息，客服人员应迅速判断是否可以提供给客户。一般情况下，只有公司对外的业务宣传资料、对外统一的收费标准、服务网点地址和联系电话等外部资料是可以提供给客户的，而涉及其他客户资料、公司制度、服务加盟商资料、其他部门或员工的联系方式等内部资料是严禁泄露的。

四、客户投诉业务

在快递服务过程中，会因各种因素造成一些差错和意外，比如快件丢失或延迟送达、信息查询未能及时或真实报告给客户等，这些差错和意外，会引起客户对快递企业服务的不满和投诉。

对于这些差错和意外，若处理得当，则会加深客户对快递企业诚信度等方面的认识，增进客户与快递企业的感情；若处理不当，则会使客户对企业形成负面的印象，损坏快递企业的形象。因此，对客户投诉的处理，往往比正常的服务更能反映出一个快递企业客户服务的能力和素质。

（一）客户投诉业务流程

（1）客户投诉来电；
（2）倾听客户的不满，对客户表示同情；
（3）记录投诉内容，如可能，可电话录音以存档；
（4）通过投诉事件的基本信息初步判断原因；
（5）尽快联系内部运作部门，核实客户反映情况是否属实；
（6）向客户致歉、解释，并记录过程；
（7）提出或征求客户的处理意见；
（8）报部门领导审批；
（9）实施补救措施；
（10）对责任部门或责任人进行处罚；
（11）结果记录，持续改进。

（二）客户投诉管理要点

（1）情节较轻或情况比较简单的业务投诉，客服人员应尽量在一次通话中给予答复和解决。
（2）在向客户承诺送达时间等问题时，应尽量留有一定的回旋余地。
（3）投诉问题涉及部门或人员的，应注意沟通方法，尽量充分了解实际原因，或交由操作部门主管直接进行处理。
（4）涉及客户索赔或提出补偿、赔偿要求的投诉，应按照标准流程处理并在相关领导批准后，予以客户正式答复。
（5）对投诉情况进行每周或每月统计，分析相应指标和事件原因，持续改进，以减少投诉数量。

【项目小结】

　　本项目主要阐述了快递业务基本流程，主要包括快件接单、收件、快件接收、快件分拣、快件封发、快件发运、快件派送，以及快件查询与咨询业务，做好快递业务规范工作。

【思考与练习】

1. 简述快递日常接单业务流程。
2. 简述快递接单工作应注意事项。
3. 简述快递日常收件业务流程。
4. 简述快递收件工作应注意的事项。
5. 简述快递派送业务流程。
6. 简述快递派送业务有哪些特殊情况，如何处理。
7. 快递客服人员主要完成哪些业务，有哪些工作要求？

项目四　快递运营管理

☞**学习目标**

教学目的：掌握快递网点的选址标准及基本配置；掌握快递企业人员、快件、设备场地及信息安全管理；熟悉快递企业呼叫中心管理；熟悉快递企业客户服务质量管理。

教学重难点：快递网点的选址标准；快递呼叫中心的系统功能及管理。

【导入案例】

客户服务意识

小王是××技师学院物流专业的学生，毕业后在一家大型民营快递公司就职。一天，他处理一票大件货物时，拨通了客户刘小姐的电话，用标准礼貌的用语告知客户到货的事实，计划约定送货时间。这时客户在电话里传出了一阵连续的咳嗽声，小王立刻停止了对话，询问客户咳嗽的原因，并进行了问候。之后，双方预约好了派件时间。随后，小王先来到药店购买了一盒止咳药，再像往常一样前往客户处送件。当客户收到药和包裹时，非常吃惊和感动，她立即致电公司客户服务部，表达了对于这一举动的"惊喜"。之后的几周，企业明显感觉到来自该客户的订单量增多了，也接到了来自该客户合作伙伴的业务咨询电话。负责公司营运的张总评价："看似简单的这件事，却反映出了一个员工的客户服务意识和综合素养，而这也许是不少经过了多次培训，而且工作了几年的老员工所不能做到的。"

任务一　快递网点建设管理

一、网点的定义与分类

（一）网点的定义

快递网点，或者称为基础点部，是快递网络的基础节点，主要负责某一地区或者城市内某一区域的快件收派工作。

一般快递公司在设立新的网点时，要求达到这样的几个条件。

1. 达到一定的区域范围要求

网点的辐射范围要达到一定的标准，基本控制在3km以上，5km以内的辐射范围。

2. 达到一定的快件量要求

每天收派件的数量要达到一定数量，即使数量没有达到，但是有一定的市场潜力。

3. 达到一定的成本要求

建立新网点时要充分分析成本收益情况，对收益不稳定、波动很大的区域一般不设立新网点。

（二）网点分类

快递网点基本分为以下三类。

1. 自营网点

自营网点是快递企业自行投资建设的网点，主要负责某一片区快件的取派、暂存、基础信息录入和首派人员的管理。

2. 代理网点

代理网点是指具备独立法人资格的快递公司或具备快件取、派能力的个人，以契约的形式取得与快递企业某一片区的代理资格，负责该片区的收派件工作。

3. 代收网点

代收网点是指在指定区域内以该企业名义受理快递件业务的网点，一般是指快递企业与酒店、宾馆、超市等组织合作的网点，代收网点的业务范围主要包括：提供咨询、代收快件、代收运费、品牌维护和推广等。

二、网点选址标准

快递收派网点是快递网络的最基础节点，投资成本很高。合理的设计、规划、组织快递网络，做好收派网点的选址，使快递营运成本最低化、利润最大化对快递企业来说是十分必要的。快递网点建设选址可从五个方面去考虑。

（一）配套设施健全

快递网点选址要求各种配套设施健全，如网络系统、电话线、消防配套、电力、水、冷暖气等方面能达到公司正常使用的需求。

（二）交通便利

在选址前要对该区的交通情况进行全面了解，如出入主干道应比较方便，以免在运输中时常发生交通堵塞，不利于快件的正常流转。另外需考虑交通管制因素，如单行道较多的地方不宜考虑。

（三）选择业务量高密度区

网点选址是否恰当直接影响作业能力，因此最好选择在业务量高的密度区附近。例如，可根据业务量密度确定网点的位置，业务量密度就是指单位面积的取派票数。也可根据现有操作量及潜在市场，以满足货量集中和最快原则来确定。服务区域的中心地带，尽量考虑各收派人员回网点距离，这样就可以满足大部分快件的收派时效，也可为快递企业节约收派成本。同时，还要考虑网点到达下一中转环节的路况和车流，以行驶时间最短为宜。

（四）治安状况良好

快递网点要求治安条件良好，以保证快件暂存的安全性和快件经营不受打扰。

(五) 快递网点房产合法

快递网点所租用的房产要有合法的房产证，企事业单位要有出租房屋的证明。

三、网点的基本配置

网点的基本配置包括人员、场地及设备的配置。

(一) 网点设备配置

网点设备配置包括办公必需品及快递专业营运设备，如电脑、打印机、桌椅等；营运设备，如采集器、电子磅秤等。各类设备的数量根据业务需要和业务量制订。

(二) 网点人员、场地配置

人员、场地的配置可根据快件量来确定，一般都有一个标准配置。见表4-1：

表4-1　　　　　　　　　　网点配置

级别	业务量 （票）	人员 （人）	设备 （套）	大货车 （辆）	物流车 （辆）	场地 （m²）	备注
1	≥30	2	1	1/4	1/8	10	
2	60	3	1	1/3	1/6	15	
3	80	3	1	1/2	1/4	20	
4	100	4	2	1/2	1/4	20	
5	140	6	2	3/4	3/8	30	
6	180	7	2	1	1/2	35	
7	220	8	2	5/4	5/8	40	
8	260	9	3	3/2	3/4	45	

任务二　快递企业安全管理

一、人员安全管理

快递属于劳动密集型行业，快递企业员工是快递作业的直接参与者，是快递服务过程中最重要因素。因此，做好快递企业安全管理，首先要做好人员安全管理。

(一) 人员安全教育

人员安全教育包括安全知识宣传、安全事故警示教育以及上岗安全培训等方面内容。

1. 安全知识宣传

加强安全知识宣传，使员工牢固树立"安全第一，预防为主"的理念，让安全管理制度深入人心，指导人的行为，使员工的安全意识从"要我安全"向"我要安全"转化，最终实现"自主安全"。

2. 安全事故警示教育

加强员工的安全事故警示教育。坚持定期对企业人员进行有针对性的安全事故警示教育，加强对新进人员或转岗人员的安全知识、规章制度、法制观念等教育培训；坚持利用企业内部刊物、安全会议、安全标语等形式进行安全警示教育，营造积极向上的安全舆论氛围；坚持举办形式多样的安全知识竞赛、安全演讲比赛等活动，增强员工的安全意识；坚持每天作业前的班组安全警示教育，针对具体作业现场进行安全注意事项和操作规程的详细解释和说明，使员工增强自我保护能力。

3. 上岗安全培训

新员工或转岗员工一定要在上岗前通过观看安全教育片或进行实际操作等多种形式接受上岗安全培训。每天工作前安排15～20分钟的班前会，进行当天工作的安全培训。企业要以多种形式开展业务知识、操作规范、操作技能的培训，为员工创造机会、创造环境，不断提高员工素质，增强员工执行安全规章制度的自觉性。

（二）人员安全管理方法

人员的不安全行为和心理的不安全状态是导致事故的直接原因。因此，人员安全管理主要是对人员不安全行为的控制。由于人的行为是心理活动结果的外在表现。因此，要控制人的不安全行为应从心理调节方面采取措施。

1. 心理调适法

安全心理调适是指采取一定的手段将容易引发事故的不良心理状态调节到有利于操作的安全心理状态。作为安全管理人员应设法引导职工调节心理状态。针对不同的人、不同的心理状态，具体的调节方法也不同，应根据具体对象而定。

2. 行为激励法

安全行为是指员工在工作过程中表现出保护自身和保护设备、工具等物资的一切动作。要控制员工的不安全行为，激励是一种重要手段。通过激励措施，可引导员工把安全需要作为一种自觉的心理活动和行为准则，主要方法有物质激励法、精神激励法。

3. 制度控制法

强化作业安全政策和规定，对违规者进行制度惩处，是安全工作的重要部分。经常强化对安全行为方式要求和及时表彰安全工作积极分子，将十分有助于减少事故。

（三）人员安全事故的处理

1. 发生人员安全事故的应急措施

快递操作属于劳动密集型活动，作业人员的人身安全是首要前提。一旦发生人员伤亡，应采取相应应急措施。

2. 人员安全事故处理过程

根据人员安全事故的大小，分别有不同的处理程序。发生轻伤事故，由部门负责人现场调查，查明并记录事故原因和责任，提出处理意见和整改措施；若发生重伤事故，要会同安全管理部门等立即组织抢救伤员和做好现场保护，及时拍照记录有关数据，必须及时报告安全管理部门，及时向企业主管领导汇报，并成立事故调查小组进行调查，召开事故分析会，认真查清事故原因及责任，提出处理意见及改进措施；若发生死亡事故必须立即报告，由企业主管领导及安全管理部门协同政府有关部门组成事故调查组进行调查处理。

3. 人员安全事故的防范措施

及时召开事故分析会，找出事故原因；制定预防事故重复发生的措施；加强安全知识教育和安全意识教育，对负伤者进行复工安全教育，在管理上完善和执行各项人员安全管理规章制度，落实各个作业环节的人员安全防范措施。

二、快件安全管理

快递服务要求"安全、快捷、便利"，其中安全是前提。在快递服务中快件安全显得极其关键，快件安全出了问题，快递服务质量就无从谈起。要保证快件安全，必须建立一套科学、严密的快件安全管理制度。快件安全管理主要分为以下几个方面。

（一）收派过程快件安全管理

收派过程快件安全管理是指对快递业务员上门收取的快件、客户送来的快件及上门派送的快件的安全进行管理。

（1）查看快件是否属于禁、限寄物品，如果属于禁、限寄物品，应在说明情况后礼貌地予以拒收；特殊情况下应扣下快件，并向有关部门报告。

（2）查看物品与快递上的品名、数量是否相符，包装及物品是否有损坏。

（3）收派的快件要捆扎牢固、装好，做好防雨与防盗措施。

（4）收派员收取的快件要与场地处理人员进行交接，办好交接手续。

（5）派送的快件，收派员要凭客户签收单证明快件已派送成功。

（二）场地处理过程快件安全管理

（1）快件处理现场应与外界隔开；

（2）快件处理现场安装全方位监控系统，人员应在指定位置查货；

（3）查货过程必须进行监控系统录像，查货完毕应签字盖章，确认快件安全；

（4）快件传递过程轻拿轻放，未按规定搬运、装卸的，应严肃处理；

（5）处理完的小件快件建立总包，由两个工作人员核对快件与总包清单，检查完快件安全后，施好封条。

（三）在库快件安全管理

在库快件安全管理主要把好"收、存、发"关，办理入库手续要清晰，应在严格检验后签字确认。快件保存时要细心，保证提供快件物品所要求的保存条件。仓库要安排全天候不间断监控，需要打开包装时，要求两人在监控摄像头下进行，并在相关单据上签字。快件出库时应和下一道工序的作业人员办理交接，检查快件安全。如果快件安全出现问题，由在库管理快件的相关人员负责。

（四）在途快件安全管理

在途快件安全管理要做到车辆防水，将快件总包按装车规则装车、施封，驾驶员安全驾驶，车辆安装 GPS 定位系统，车厢内安装监控系统，保证在途快件安全。

（五）特殊快件安全管理

特殊快件主要指性质特殊或价格昂贵的快件。对于性质特殊快件，要纳入重点操作对象，格外关注。全部操作过程须在监控摄像头下进行，实行分区分类存放。一般快递企业都设置有特殊快件作业区，此区域和外界用铁栅栏严格隔开，贵重物品有专门的保险柜或保管箱。外包装加封志，环环交接。建立特殊快件安全管理责任制，严格按照要求进行作业，一旦出现问题，能迅速查明原因，明确责任。

三、车辆安全管理

（一）出车前的车辆安全管理

出车前，驾驶员要认真做好车辆设备检查和行车证件检查工作，并监督装车方安全合理装载，以确保行驶过程安全顺畅。具体要求检查如下几项：

（1）车况检查；

（2）证件检查；

（3）安全装载。

（二）在途行驶车辆安全管理

在途行驶的车辆安全主要从以下三个方面进行管理：

（1）遵守在途运输中的安全操作；

（2）在途运输中，加强驾驶员管理制度；

（3）加强运输途中的监控。

（三）停放车辆安全管理

出车在外或出车归来停放车辆，一定要注意选取停放地点和位置，不能在不准停车的路段或危险地段停车。车辆进入、停放和驶离三个阶段分别遵循以下管理。

1. 车辆进入停车场

应一停二慢，必须服从管理员的指挥和安排，征得管理员同意，并按要求交验有效证件，做好相关登记工作后方可进入。

2. 车辆停放停车场

服从管理员指挥，在规定位置停放，并与周转车辆保持适当距离，不得对其他车辆进出造成阻碍。驾驶员锁好车门，车内物品及停车证随身带走。

3. 车辆驶离停车场

应先观察车辆有无异常状况，驶离时应注意周围车辆的安全，缓慢行驶，并在出口处向管理员交回停车证。

（四）车辆的日常维护和定期保养

为保证快递业务的顺利完成，车辆应做好日常维护和定期保养工作。具体应做好如下工作。

1. 定期进行车辆维护与检查

车辆维护的目的，是避免车辆在运行过程中由于技术状态的改变而引发常见问题，改善设备使用状况，确保设备安全正常运行，延长车辆的使用寿命。

2. 坚持"三检"、"四清"，防止"四漏"

坚持"三检"，坚持在出车前、行车中和收车后检查；保持"四清"，保持机油、空气、燃油滤清器和蓄电池的清洁；防止"四漏"，即防止漏水、漏油、漏气、漏电。

3. 建立车辆维修制度

企业车辆的维修工作是通过车辆维修制度来实施的。车辆修理必须根据国家和交通部门发布的有关规定和修理技术标准来进行。

4. 车辆改造、更新与报废

车辆磨损和报废是难以避免的事实，对车辆的改造与更新是科学技术迅速发展的客观要求。对于性能低劣、车型老旧、耗油增加、污染增大、运作不安全且确实无法改造的车辆，应该按照规定履行车辆的报废手续。

四、场地、设备安全管理

快递企业具备良好的场地、设备是做好快递服务的基本条件，场地、设备的安全管理将直接影响快件安全管理、人员安全管理。场地、设备安全管理包括场地出入管理、场地监控管理、场地消防管理和设备安全管理。

（一）场地安全管理

1. 场地出入管理

作业区域应采取封闭式管理，进、出口分开，人员凭证件或指纹出入。进出作业区域人员要将证件挂于胸前，主动接受安保人员检查。作业区域内员工携带物品或驾驶车辆离开时，当值安保人员应严格检查放行手续，检查核对无误放行后，当值安保人员应及时在放行条上签署姓名及当值日期、时间，便于日后查询；交接班时，应交接好放行条数目，并在交接班本上做好记录。

2. 场地监控管理

场地监控管理包括监控设备的安装和有效使用。对于重要作业区域，监控必须24小时覆盖。监控设备的有效使用则是指安排专人负责维护和使用，对于及时发现安全隐患或防范安全事故者应予以奖励。

3. 场地消防管理

场地消防管理，要按照消防管理的有关法律法规，建立消防管理制度，配备专、兼职消防队伍，定期检查消防设备，保持消防通道畅通，不定期举行消防演习。

（二）设备安全管理

快递企业设备主要包括叉车、计算机、打印机、扫描设备、分拣设备、消防器材、呼吸器、保护带等。设备管理主要包括设备的保管、检查和使用。设备应建立台账，指定专人保管维护，每天检查并进行登记；还应做好设备防盗工作，并注意维护保养。企业相关管理部门要不定期组织检查设备的维护、保养和使用情况，并做好记录。

五、信息安全管理

快递信息安全管理主要包括资料保密管理、信息网络安全管理和数据安全管理。

（一）资料保密管理

资料指企业的内部资料，包括各类企划、营销方案、客户信息、会议记录、操作流程以及整理而成的档案。各类资料包含了企业内部的重要信息，关系到企业的安全和利益，是高度的商业机密。因此，快递企业应强化保密意识，规范和加强资料使用、存放的管理和监控，杜绝和防范各类资料外泄。

快递资料保密管理可以从资料打印、资料发送、资料复印、资料借阅、传真件以及档案管理几个方面制定相关制度。

(二) 信息网络安全管理

通信、计算机和网络等信息技术的发展大大提升了信息的获取、处理、存储和应用能力，信息数字化已经成为普遍现象。互联网的普及更方便了信息的共享和交流，使信息技术的应用扩展到社会经济、政治、军事、个人生活等各个领域。

因此，信息安全的重要性可以上升到国家安全的高度。无论在计算机上存储、处理和应用，还是在通信网络上传输，信息都可能被非授权访问而导致泄密、被篡改破坏而不完整，被冒充替换而否认，也可能被阻塞拦截而无法存取。这些破坏可能是有意的，如黑客攻击、病毒感染；也可能是无意的，比如错误操作、程序错误等。

网络安全技术主要包括网络安全层次模型及各层的网络安全技术，主要有防火墙技术、IP层安全技术、传输层安全技术、应用层安全技术及3W安全技术等。

(三) 数据安全管理

数据是信息的直接表现形式，数据安全的重要性不言而喻。数据安全的着眼点在于数据在存储和应用过程中是否被非授权用户有意破坏，或被授权用户无意破坏。数据通常以数据库或文件为存储，因此，数据安全主要是数据库或数据文件的安全问题。数据库系统或数据文件系统在管理数据采取什么样的认证、授权、访问控制及审计等安全机制，达到什么安全等级，机密数据能否被加密存储等，都是数据的安全问题。数据安全研究的主要内容有安全数据库系统、数据存取安全策略和实现方式等。

数据库系统的资料是由DBMS统一管理和控制的。为了适应资料共享的环境，DBMS必须提供资料的安全性、完整性、并发性和数据库恢复等数据保护能力，以保护数据库中资料的安全可靠和正确有效。

任务三　快递企业客户服务管理

随着客户服务竞争的日益激烈，任何短期的行为和粗放的管理都会导致企业的损失。面对激变的市场环境、多样化的客户需求，快递企业已清醒地认识到客户服务管理的长远性和重要性，并站在企业发展的战略高度，加强和规范企业的客户服务管理。

一、快递企业客户服务含义及内容

1. 快递企业客户服务的含义

快递企业客户服务，是指快递企业通过一定的方式向其客户及客户的客户等提供服务的过程。通过客户服务，快递企业将自身的良好信誉和形象展现给客户，取得客户乃至行业和社会的良好评价。

在客户服务过程中，员工的基本行为规范、服务管理规范必不可少，而要使客户服务成为一种持续的内在的自觉行为，则取决于整个企业全体员工的客户服务意识和理念。

2. 快递企业客户服务的内容

客户服务是以"客户需求"为导向的，因此，客户服务的内容也就是"客户需要什么或者期望什么，我们就服务什么"。客户服务就是收派员上门时的一个微笑，是客服代表通话时的一声问候,是客服经理握手时显示出的风度,总之,任何能提高客户满意程度的因素,都属于客户服务的范畴。

根据服务提供的过程来看,快递企业客户服务的内容可以分为交易前、交易中和交易后三个阶段,每个阶段都包含不同的服务内容。

(1) 交易前的客户服务内容。

交易前的内容包括快递企业向客户受理业务前的各种服务要素。这些服务趋向于非常规和与政策相关的活动,有时需要管理部门的介入,如解答客户的服务咨询、公开快递企业的服务质量承诺、进行快递产品介绍等服务。

(2) 交易中的客户服务内容。

交易中的内容包括快递企业人员从客户处将快件收取后到送交收件人签收全过程的各项服务要素。这些服务与客户有着直接的关系,并且是制定客户服务目标的基础,对客户满意度具有重要影响,如服务交易的便利性、客户查询的及时响应、客户快件的加急处理、客户收派件指令的更改等服务。

(3) 交易后的客户服务内容。

交易后的内容包括快递企业将客户的快件交付收件人签收后,根据客户要求所提供的后续服务的各项服务要素,如收集客户的反馈意见、处理客户的投诉、处理损坏件及延迟件等的赔偿、进行签收单据的统计与返回等服务。

3. 快递企业客户服务管理

快递企业客户服务管理,同生产企业的产品质量管理一样重要。在整个业务过程中,客户服务无处不在,贯穿于整个服务交易过程。客户服务管理,就是对其进行全方位的控制、协调、督导和跟进的全过程,包括制定完善的客户服务管理制度和原则、设计客户服务的标准工作流程、建立客户服务质量控制指标,以及对客户服务人员的培训、对客户服务部门的纯净考核管理等。

二、呼叫中心管理

呼叫中心(Call Center)又称为客户服务中心(Customer Service Center),是充分利用电信技术与计算机网络技术相结合的多功能集成化的综合信息服务系统,是一种新的基于CTI技术的服务方式,能够利用现代的通信手段,有效地为客户提供高质量的服务。

呼叫中心是快递企业普遍采用,旨在提高工作效率的应用系统。它主要通过电话、网络系统来承担受理客户委托、帮助客户查询快件信息、回答客户有关询问、受理客户投诉等一系列业务工作。

1. 呼叫中心建设的意义

(1) 快递公司往往有区域性或全国性的网络,建立呼叫中心有利于各分公司业务的统一调度和管理;

(2) 快递行业的客户比较分散,建立呼叫中心有利于加强客户资料的收集、统计;

(3) 由于客户服务人员水平不一,建立呼叫中心可以使客户服务人员在客户咨询或投诉时统一服务口径;

(4) 呼叫中心一般24小时运作,可随时记录快件轨迹并将其反馈给客户;

（5）快递行业的客户数量比较多，建立呼叫中心可对客户给予更加细致的关怀，提高客户满意度和忠诚度；

（6）少数精干的业务员掌握着公司大多数客户的动态资料，建立呼叫中心可避免因业务员离职带来的客户流失情况。

2. 呼叫中心的系统功能

（1）来电时，坐席电脑屏幕显示来电客户的信息；

（2）对操作员、管理员等各种权限进行分级设置；

（3）坐席电话转移时，将该客户的信息转移到相应的坐席电脑上；

（4）输入、编辑、查询客户信息；

（5）在坐席电脑上查询、播放电话录音；

（6）查询身份证号来源地、手机号来源地、邮政编码、电话区号等信息；

（7）在坐席电脑上显示相关的电话数据，如打出、打入的电话次数及相应时间等；

（8）任意扩展其他应用项目；

（9）查询、统计、分析电话记录；

（10）数据备份恢复功能；

（11）监控服务器来电功能；

（12）监控客户端屏幕功能；

（13）消息通知功能。

3. 呼叫中心的业务类型

呼叫中心的业务类型主要包括呼入和呼出两项。其中，呼入业务主要有业务咨询、业务下单、快件查询、业务催促、业务变更、客户投诉等；呼出业务主要有信息业务推介、收派件指令下达、业务跟踪反馈、客户满意度调查、客户关怀等。

4. 呼叫中心营运管理

（1）呼叫中心人员管理。

呼叫中心的人员管理，除了要做好岗位分配、岗位排班、人员培训、绩效考核、薪酬激励等方面的工作，更重要的是要了解和稳定客服代表的情绪，给予其人性化的关怀。在呼叫中心，客服代表每天需要面对不同类型的客户，处理不同类型的业务，有时还需要面对某些客户的指责和误解，工作压力较大，工作情绪也容易出现波动。因此，人员管理应充分考虑客服代表的情绪和状态，通过各种有效途径帮助其进行情绪疏导和情绪管理。

（2）呼叫中心成本控制。

呼叫中心是一个资金密集型系统，它被看作是快递企业一个重要的成本中心。对于营运管理者来说，必须尽可能地控制各项成本，提高成本管理水平，提升呼叫中心的营运效率，从而实现投入产出的最大化和最优化。

呼叫中心的营运成本一般包括人力成本、设施设备成本以及系统工具成本等。而对人力成本的控制应该是管理的重点，因为各种设施设备、系统工具一般比较固定，不会轻易更换。

对于人力成本的控制，首先是科学合理地做好排班；其次是强化业务培训，提高客服代表的工作效率；最后，要及时掌握发展动向，以便提前做好人员储备或人员分流的准备,最大限度降低人力成本。

(3) 呼叫中心现场管理。

呼叫中心现场管理,主要指呼叫中心经理或坐席班长通过现场巡查的方式,了解员工处理客户服务业务质量的过程。借此,管理者可了解员工的精神面貌与工作情绪、使用系统的熟练程度、业务量状况以及设备的运转情况等。

在进行巡查的过程中,经理或坐席班长可直接指出客户服务人员工作的不足之处,传授相应的处理技巧;也可以根据现场突发情况进行适时的工作调整,如出现业务量不均或市场变化时,可进行岗位、排班、设备、流程等方面的调整。此外,通过巡查,可使基层员工和管理层更好地融合在一起,加强团队的战斗力。

(4) 通话录音和通话监听。

通话录音和通话监听的目的,一方面是为某些客户投诉或纠纷提供重要原始资料,另一方面可以让员工更加自觉地提高自己的服务质量。监听中,管理者可以更多地关注新任员工的通话、通话时间长的通话、异常号码电话等,借此查找和处理问题。在培训中,还可以通过播放优秀的通话记录,让新员工反复聆听,加快角色转变,提高业务处理技巧。

电话监听的注意事项有以下几点:

(1) 监听可在客服代表不知情的情况下进行,或由监控人员坐在客服代表身边,进行现场监听;

(2) 在监控人员进行监听后的24小时之内,应该将监听结果反馈给被监听的客服代理;

(3) 在电话监听中,尽量使用一个标准式的监听评分表;

(4) 定期让客服代表互相监听,特别是监听服务成绩优良的服务人员,并可将此纳入培训经验之中;

(5) 在对客服代表指出错误的同时,也要指出优点;

(6) 在不同的时间内对客服代表进行监听;

(7) 监听管理人员应该制定对客服代表监听的时间表;

(8) 在客服代表出现严重服务问题时,监控管理人员应将问题记录下来,并将其纳入自我提升计划中;

(9) 对于新的客服代表,监听的次数要多于资深客服代表。

5. 呼叫中心服务质量监管

建立呼叫中心系统需要较高的投入,但是它的应用对于快递企业提高客户服务质量和处理效率具有重要意义,特别是通过呼叫中心客户业务数据的统计和分析能够实现对服务质量的监管。

(1) 系统本身的服务监控。

呼叫中心系统储存有客户服务的相关数据,并能通过悬挂在走道中的显示屏显示。显示信息包括:正在接入的电话数、正在排队等候的电话数、累计已处理的电话数、平均通话时间、平均通话数量等。员工的电脑系统上则可以显示出本人已接听的电话数量、本人的平均通话时间。因此,员工可清楚地找出自身与呼叫中心平均速度的差异,管理者也很容易实现后续的管理和考核。

（2）服务质量指标分析。

呼叫中心除以上可直接显示的数据外，还有一些服务指标，具有更深层次的分析意义，需要通过调查或测算得出。如客户对呼叫中心服务的满意度、客户忠诚度、工时利用率、有效接通率、通话一次解决率、服务转营销率；此外，还有坐席班长或部门经理对每位客服代表的电话监听打分等。

通过对服务质量指标的分析，可以使客户服务管理做到精细化，并为客户服务人员的绩效考评提供客观依据。

总之，通过呼叫中心系统获取相关业务数据并进行分析，可以使快递企业的客户服务水平不断提高，企业竞争力相应提升，为进行决策提供数据和依据，受到快递企业的普遍重视。

三、客户服务质量管理

现代快递企业的经营与管理，已不仅仅局限于快递成本的降低，而是已涉及采取何种方法与手段能够向客户提供满足要求的快递客户服务质量，因为客户服务质量已成为服务型企业的生命和根本。

1. 客户服务质量管理的意义

随着客户享受服务经历的增多，对企业的客户服务质量也会有更高的期待，因此对企业的客户服务质量管理提出了更高的要求。

有数据显示如果客户服务做得不好，94%的客户会离去；如果没有妥善解决客户的问题，89%的客户会离去；每个不满意的客户，平均会向9个亲友叙述不愉快的经历；不满意的用户中有67%的用户会投诉；有效解决用户投诉，可挽回75%的客户。因此，越来越多的企业希望通过完善或建立客户服务中心，来为客户提供快捷、高效、统一、优质的服务。同时，很多从事客服工作的管理人员也正在探索如何建立更合理的质量监控体系，进一步提升客户服务质量，全面提升客户的满意度与忠诚度。

客户服务质量的高低，对企业的信誉和形象有直接的关系。狭义来讲，客户服务质量主要取决于团队成员的素质与水平、客户服务部门的管理方式和结果，以及企业内操作部门、营销部门、财务部门、技术支持部门与客服部门通力协作的程度等；广义来讲，客户服务质量应该取决于快递企业自身的服务理念、企业文化、战略定位、行业地位等。

2. 快递客户服务质量的内容

快递客户服务质量一般包括：快递服务过程中的技术质量、职能质量、形象质量和真实瞬间。它是快递客户感知质量与预期质量差距的具体表现。其中技术质量和职能质量构成了感知服务质量的基本内容。

（1）技术质量。

技术质量是指快递客户服务过程的结果，能够反映是否满足了快递客户的主要需求。一般来说，技术质量都有比较客观的标准，容易为客户所感知评价，如快递公司为客户收派件服务中提供的服务质量标准、环境条件、网点设置、服务设备以及服务项目、服务时间等是否适应和方便客户的需要。技术质量通常能得到更多客户比较客观的评价，企业比较容易掌握这一质量。

(2) 职能质量。

职能质量是指在服务推广过程中客户所感受的服务人员在履行职责时的行为、态度、着装等给客户带来的利益和享受。这种利益和享受很难用一个非常客观的评价标准来说明，有些主观印象往往起着决定性的作用。同样的服务，由于服务对象不同，获得的服务质量评价可能会有很大的差异。即使是在同一时间、同一地点享受同样服务的不同对象，其所给予的服务质量评价也不完全相同。这是因为服务过程的质量不仅与服务时间、地点、服务人员的仪态仪表、服务态度、服务方法、服务程度、服务行为方式有关，而且与客户的个性特点、态度、知识和行为方式等因素有关。人们难以对它进行客观而公正的评价，职能质量完全取决于客户的主观感受。

(3) 形象质量。

形象质量是指快递企业在社会公众心目中形成的总体印象。它包括企业的整体形象和企业所在地区的形象两个层次。企业形象通过视觉识别、理念识别、行为识别等系统多层次地体现，如快递企业对包装袋、运单、背包、着装、胸卡进行规范化、实用化、法律化、个性化、新颖化设计等，客户可从企业的资源、组织结构、市场运作、企业行为方式等多个侧面认识企业形象。企业形象质量是客户感知服务质量的过滤器。如果企业拥有良好的形象质量，某些失误也许会赢得客户的谅解；倘若企业形象不佳，则任何细微的失误都会给客户造成不良印象。

(4) 真实瞬间。

真实瞬间是指快递服务过程中客户与企业进行服务接触的过程。这个过程是在一个特定的时间和地点，企业向客户展示自己服务质量的时机。真实瞬间是服务质量展示的有限时机。一旦时机过去，服务交易结束，企业也就无法改变客户对服务质量的感知；如果在这一瞬间服务质量出了问题，也就无法进行补救。真实瞬间是服务质量构成的特殊因素，是有形产品质量所不包含的因素。

3. 快递客户服务质量体系

按照全面质量管理的思想，快递客户服务质量体系应当具备以下要素。

(1) 管理者的意识和职责。

客户服务质量体系的落实，首先来自于企业管理者的意识和责任，即管理者应该对质量管理体系给予高度的重视，落实计划，确定责任和目标，不断地持续改进。

(2) 质量管理体系结构。

质量管理体系结构是进行客户服务质量管理的基本框架。在这个框架下，应当明确质量管理的层次关系及各部门的目标、职责和权限等，通过组织结构的形式将管理中的各个环节、各种资源协调起来，使其相互配合、相互协调，成为一个完整的质量管理体系，具体包括组织结构、过程和文件体系三个部分。

(3) 质量管理指标及评估。

质量评价指标可以分为定性指标和定量指标。定性指标主要包括能力、技巧、客户满意度指标等；定量指标包括服务水平、业务创新性、业务经济性指标等。不同快递企业的客户服务中心，会有不同的质量且一应俱全体系。成本控制型的客服中心更关注定量指标，注重提高人员的使用率。客户体验型的客服中心考虑更多的不是每天要接多少电话，而是每个电话接听的客户满意度与客户感受。利润创造型的客服中心从表面上看，与成本控制型所使用的指标差不多，但二者在内部指标的选择上存在很大差异，利润创造型的客服中心最终要盈利、要创造价值。

质量评估手段基本上分为内部检测和外部评价两大类。内部检测又可分为定性指标和定量指标，定性指标主要包括现场巡视、在线监听、录音抽测、书面考核、角色扮演等；定量指标则是报表分析。外部评价有同行业标杆，比如企业通过调研公司来了解同行业竞争对手的服务水平，或者通过行业评比来获得一些奖项或评比指标。

（4）控制流程。

由于环境的不稳定性，计划执行的情况与期望目标会有一定差异。控制流程就是要使执行情况与预期目标保持一致，确保实施情况和标准相吻合。当测评结果走出允许范围时，应分析原因并及时采取纠正措施。

（5）资源要素。

快递企业资源主要包括快递企业信息资源、人力资源和物质资源。

服务质量体系有赖于服务质量信息系统的支持。对信息资源的投资，同对其他物质资源的投资一样，目的都是为了提高和加强企业的竞争优势。以高质量服务著称的组织通常善于把握客户的想法，并能对来自客户的质量反馈信息加以处理，使之成为质量控制和改进的依据。

人才是服务企业最重要的资源，几乎所有的服务都是由服务企业的员工来提供的。能否实施有效的质量管理，人的因素具有决定性。管理好服务体系中的人力资源必须做到安排合适的岗位，制定激励制度，同时进行及时的培训。

所有服务企业提供客户服务，建立完善的服务质量体系都要对基础设施及设备建设投入大量的资金。这些基础设施及设备包括基本的装修和服务、有关客户的信息系统、管理的通信网络、备用的物资储备等。

这三个方面构建了快递服务质量体系所必需的要素。快递企业应当充分认识到质量管理在快递服务管理中的重要性，通过维护客户的利益使客户满意来达到改进企业质量的目的。

总之，客户服务质量是客户心目中的一种切实感受。客户服务质量管理是一个科学的过程，更是一门综合的企业管理艺术。客户服务质量的提升是所有企业永远追求的目标。

【项目小结】

本项目主要阐述了快递运营管理知识，主要包括快递网点建设管理，如快递网点的选址标准及基本配置，快递企业关于人员、快件、设备场地及信息安全管理，快递企业呼叫中心管理和快递企业客户服务质量管理。

【思考与练习】

1. 简述快递网点选址应参考的标准。
2. 简述快递企业应从哪些方面做好安全管理。
3. 什么是呼叫中心，建立呼叫中心有什么重要性？
4. 快递企业客户服务从哪些方面进行质量考核？

主要参考文献

1. 国家邮政局：《快递业务操作与管理》，人民交通出版社 2011 年版。
2. 国家邮政局：《快递业务概论》，人民交通出版社 2011 年版。
3. 国家邮政局：《现代快递服务科学》，北京邮电大学出版社 2011 年版。
4. 国家邮政局：《电子商务与快递服务》，北京邮电大学出版社 2012 年版。
5. 国家邮政局：《快递企业战略管理》，北京邮电大学出版社 2012 年版。
6. 国家邮政局：《快递服务法规解析》，北京邮电大学出版社 2011 年版。
7. 人力资源和社会保障部教材办公室：《快递业务员（初级）》，中国劳动社会保障出版社 2011 年版。
8. 人力资源和社会保障部教材办公室：《快递业务员（中级）》，中国劳动社会保障出版社 2010 年版。
9. 人力资源和社会保障部教材办公室：《快递业务员（高级）》，中国劳动社会保障出版社 2010 年版。
10. 人力资源和社会保障部教材办公室：《快递业务员（基础知识）》，中国劳动社会保障出版社 2010 年版。
11. 李育蔚：《快递人员岗位培训手册》，人民邮电出版社 2012 年版。
12. 王为民：《快递服务礼仪与规范》，人民邮电出版社 2012 年版。
13. 王为民：《快递大客户开发实务》，人民邮电出版社 2012 年版。
14. 李力谋，乔桑：《快递实务》，中国对外经济贸易出版社 2005 年版。
15. 杨国荣，徐兰：《快递实务》，北京理工大学出版社 2013 年版。
16. 于波：《空运和快递业务流程与操作实务》，大连海运学院出版社 2010 年版。
17. 高斌，陶伯刚：《快递服务概论》，人民邮电出版社 2013 年版。
18. 梁军：《快递运营管理》，上海财经大学出版社 2014 年版。
19. 刘安华：《快递业务操作与管理》，西安交通大学出版社 2014 年版。
20. 花永剑：《快递公司物流运营实务》，清华大学出版社 2013 年版。
21. 肖旭：《航空快递进出港业务》，中国民航出版社 2011 年版。
22. 梁华：《快递人员业务实操》，人民邮电出版社 2010 年版。
23. 王为民：《速递业务与经营案例实务》，人民邮电出版社 2014 年版。